これならできる！漢字指導法

学力の基礎を鍛えどの子も伸ばす研究会 会員
岡 篤 ＝著
Oka Atsushi

高文研

✳——はじめに

私が尊敬する俳人、藤田湘子の著書に次のような文章がある。

「薔薇と書く。今やむずかしい字の部類に入る。けれども、この漢字を見ていると、あの複雑な花びらのひとつひとつによって容《かたち》づくられた薔薇という花が、見えてくる」（『俳句作法入門』角川選書）

そういわれると、何だかそんな気がしてこないだろうか。漢字を使いこなすのは難しいが、漢字にはそれ以上の魅力があると思う。

例えば、「白」という漢字がある。小学校一年生の配当漢字で、書き取りのテストをしても間違える子どもは少ない。この「白」の「字源」は何だろう（「字源」については本書の中で詳述するが、『広辞苑』［岩波書店］には「個々の文字の起源、文字、特に漢字の構成原理」とある）。

「山」は山の形、「川」は川の形と子どものころに習った。では「白」は何かの形だろうか。私が愛用する白川静氏の辞典によると、「白」は何と頭蓋骨から来ているという。確かに頭蓋骨は白いし、甲骨《こうこつ》文字では【】であったことを知ると形もそれらしく見えてくる。何と意外な「字源」なんだろう。

「白」の字源を知った私は、担任したクラスでは学年に関係なく、必ずこの話をした。「白」の字源を子どもに予想させた上で、

「何と『白』の字源は……」ともったいぶって間を取り、「頭蓋骨です」と大げさに言った。子どもたちの反応は、最初が必ず「ええ?」というもので、私が説明を加えると「へえ」に決まって変わるのだった。

ただその後、必ず次のような話を付け加えた。

「でも、漢字は何千年も前にできたものがほとんどです。そんな昔にできた漢字の場合、そのときのことを知っている人は、今はだれもいません。だから、どんな偉い学者でも予想しているだけです。その予想はもしかしたら、間違っているかもしれません。

今、みんなが予想した答えの方が本当は正解かもしれないし、何年か後にはみんなの意見の方が辞典に載っているかもしれません。だから、合っているか間違っているかにこだわらず、自分なりの予想をもってみましょう。漢字を見るのがおもしろくなるよ」

しかし、「白」についての話はここでは終わらない。あるとき、私が子どもをつれて図書室に行っていたときのことである。漢字辞典の使い方を指導しようと思い、全員に図書室の漢字辞典を持たせた。同じ辞典を持たせて指導した方が引き方の練習のときは、何かと効率がよい。いくつかの漢字を例に、引き方の練習をさせた。そのときに例の「白」も引いてみることにした。

本文を開いてみて、驚いた。「白」の字源は、何と爪だと書いてある。それまでに、どんぐりの中身と書いてある辞典は読んだことがあったが、爪ははじめてであった。それも子どもがよく使う図書室の辞典に載っていたのである。

「白」の字源を子どもに予想させると、どんぐりや爪は結構出てくる答えであった。私は子どもの意欲をそがないために「もしかしたら、みんなの方が合ってるかも」といってはいた。しかし、私が気を使わなくても本当に正解だったのである。少なくとも専門の研究者の中で、そういう結論を持っている人がいることは確かである。

漢字の字源に関するこういった例は、珍しくない。そして、こういうことがあるたびに、私はますます漢字の魅力に引き込まれていく。子どもにもこの思いを伝えたいと漢字指導に力を入れるようになった。

とはいえ、そんなに簡単にいくはずはない。字源のおもしろさを語ったときには興味をもって聞いたからといって、漢字の練習に意欲的に取り組むとは限らない。それどころか、しばらくたつと字源の話をしたことさえすっかり忘れてしまっている。

せめて漢字の読み書きだけでもきちんとできてくれればと思うが、いつまでたっても、宿題をしてこない子に手を焼き、学期末のまとめの漢字テストの結果に子どもといっしょに一喜一憂している。そんな私の漢字指導の試行錯誤の途中経過を整理してみたのが、この本である。

本書には、二つの特徴があると考えている。

一つ目は、「字源の学習もくり返し練習も大切である」という漢字学習に対する基本姿勢である。くり返し練習で漢字の力をつけようとする人は多い。しかし、その取り組みの中での字源の学習は、それほど重視されていないように感じられる。

逆に、「字源の学習さえしておけば、子どもが自然に興味を持っておぼえるようになる」と、くり返し練習を否定的にとらえる意見もある。「くり返し練習が子どもを漢字嫌いにする」とまで言い切る人もいる。本当にそうだろうか？

私の立場はこの中間派、折衷派ということになる。現在の考えは「字源こそが漢字の本質的なおもしろさである。しかし、くり返し練習もしなければ力はつかない」というものである。

二つ目は、漢字指導の全体を書いていることである。新出漢字の指導から、宿題の出し方、字源の授業、字源のネタ、巻末にはすぐに使える学年別プリントワークも収録してある。

どれも完成された実践ではない。それだけに、これから漢字指導に力を入れようとしている人や、漢字指導上の困難にぶつかっている人とは同じような悩みを共有しているかもしれない。

もくじ

Ⅲ章 字源の授業公開

装丁＝商業デザインセンター・松田　礼一

Ⅰ章——
漢字は学力の基礎

◎ ひらがなのなりたち ◎

安 あ	加 か	左 さ	太 た	奈 な	波 は	末 ま	也 や	良 ら	和 わ	无 ん
以 い	幾 き	之 し	知 ち	仁 に	比 ひ	美 み		利 り	為 ゐ	
宇 う	久 く	寸 す	川 つ	奴 ぬ	不 ふ	武 む	由 ゆ	留 る		
衣 え	計 け	世 せ	天 て	祢 ね	部 へ	女 め		礼 れ	恵 ゑ	
於 お	己 こ	曽 そ	止 と	乃 の	保 ほ	毛 も	与 よ	呂 ろ	遠 を	

1　漢字指導の視点

＊今、漢字がおしゃれ？

私がよく通う書店は、スーパーと同じ建物にある。写真屋や文具店も並んでおり、フィルムの現像を頼んだ後や、ノートなどを買ったついでによく立ち寄る。妻がスーパーで買い物をしている間、子どもを連れて本をめくっていることもある。

書店の多くがそうであるように、その店も入り口に雑誌の棚がある。そのよく目につくところに置いてあるものに、漢字の雑誌がある。それも一誌や二誌ではない。数えてみると九冊の「漢字」をタイトルに含んだ雑誌が置いてあった。何冊かをのぞいて見ると、いったいどんな人がやるのだろうと思われるような、とてつもなく難しい漢字のパズルが並んでいる。

文庫や新書の棚にも、漢字に関する本が並んでいる。漢字検定の受検者も年々増えているという。試しに、問題を見てみた。一級になるとやはりかなり難しい。きっと、漢字の勉強をすること自体が趣味という人がいるに違いない。

また、アメリカでは今、漢字がブームだという。フランスの雑貨店にも漢字をデザインした柄のついたお皿、花瓶などが並んでいるようだ。

古代から漢字を書いておくと力を得るという一種の信仰があったというから（藤堂明保著『漢字の過去と未来』）、それを現代のアメリカ人やフランス人も感じているのだろうか。同じ文字なら、英語やフランス語よりも漢字の方が、謎めいた不思議な印象を持つのかもしれない。

「漢字の逆輸入」ということで、大阪にある「アメリカ村」では、漢字をプリントした帽子やTシャツが売れている。入っている文字が「足」「猫」というので不思議に思っていたら、アメリカの大学のキャラクターだという。今、漢字はおしゃれ、ということだろうか。

その一方で、教室の子どもを見ると、どうも漢字ブームは、子どもたちにまで広がっているとは思えない。さて、漢字はこれからどうなっていくのだろう。

＊学力の基礎としての漢字

漢字はいってみれば、学力の中の基礎的な部分にあたる。ただ、「基礎とは何か」となるといろいろな意見がある。私自身は、「読み書き計算」が「学力の基礎」であり、その上に基礎学力、発展的学力が積み重ねられていく、という考えを支持している。

これは「学力の基礎を鍛えどの子も伸ばす研究会」の代表委員であり、『見える学力、見えない学力』（大月書店）の著者でもある岸本裕史氏の主張である。具体的でわかりやすく、教育現場にとっては実践的でもあると私は感じている。

「学力の基礎」はよく基礎学力と混同して使われる。しかし、岸本氏のいう学力の基礎は、あくまで読み書き計算にしぼられている。基礎学力というと、算数の文章題や、理科・社会と範囲が広がってくる。

岸本氏の「学力の基礎」論は、読み書き計算を徹底して鍛えようというものである。それによって、もちろん読み書き計算の力がつくが、それ以外にも、集中力や根気といった二次的な成果も期待できる。さらに、計算を決まり通りの順序で進めたり、漢字を筆順や部首を意識しながら書くことで分析・総合の基礎も鍛えることになる、という主張である。

私の実感としても、クラス全員がしんとして計算に取り組んでいるときは、集中力も育っているように感じる。また漢字の苦手な子は細かい部分を意識していない場合が多い。それだけに、漢字の練習は分析と総合の初歩的な部分を鍛えている可能性が高い。

私自身は、基礎について次のような三点を考えている。

・基礎はそれだけでも価値がある
・基礎には、手間も暇もかかる
・基礎が充実するほど発展の可能性も広がる

どれも当たり前のことであるが、絶えずこの三点を頭の片隅に置いている。そうすると、単調で子どもも教師も飽きてしまいがちな、基礎的なことがらへの取り組みを、何とか続けていくことができるのである。

これらのことを漢字学習にあてはめて考えてみよう。

(1) 基礎はそれだけでも価値がある

漢字学習で育つ力として、当然ながら「漢字の読み書き能力」が第一にあげられる。古代中国では漢字を使いこなす力は、特権階級に即つながっていたという。

現代の日本ではもちろん、漢字の読み書きがいくらできても特権階級になれるはずはない。しかし、漢字が苦手だと、特別な不利益を被る危険性は充分にある。新聞を読むことが苦にならない、漢字の多い本でも抵抗なく読書ができる、といったことは、仕事や生活に直接、間接に影響してくる。だから「それだけでも価値がある」にあてはまる。

(2) 基礎には、手間も暇もかかる

現場の悩みとして、「漢字をじっくり指導する時間がない」ということがある。実際、その通りである。しかし、ものは考えようで、「基礎はそれだけでも価値がある」と割り切り、「基礎には、手間も暇もかかる」と覚悟をすればいい。すると漢字指導に時間をかけてもそれほど不安を感じることはない。「漢字に時間をかけたので、その分できないこともあったが、漢字学習にはそれだけの価値がある」と思えるからである。なかなか漢字をおぼえない子がいてもイライラする必要もない。

「もともと漢字は手間も暇もかかるもの。すんなりおぼえる子がすごいだけ」と楽に構えればよい。

（3）基礎が充実するほど発展の可能性も広がる

学年が進むと、教科書の音読がスムーズにできない子が増えてくる。特に、漢字によくひっかかる。全体で読ませていると気づかなくても、一人ずつ読ませると音読の力の弱い子は、すぐ明らかになる。

五年生に、一人ずつ読ませていたときのことである。そのとき当たっていたのは、小柄でいつもニコニコしている元気な男の子だった。体育館の裏からトカゲをたくさんつかまえてきては、休み時間にさわっている。性格的にはとても優しい子だが、漢字テストでは十問中、正解は一、二問ということが多かった。小テストのやり直しもすぐにさぼろうとするのを、見逃さずに声をかけ続けた。翌日の小テストの問題をあらかじめ練習させて、高得点を経験させ意欲を引き出そうとしたこともあった。一週間ほどつきっきりで指導して、やっと八、九問を正解するようになってきた子である。

その子に「大造じいさんとガン」を読ませたのだが、「今年も」をいきなり、「いま〜」と読み出したので、びっくりしてしまった。私が読んで聞かせ、教室でも練習し、宿題にも出した後でのことである。この子が情景描写から、行間を読みとることは至難の業《わざ》に違いない。これにはさすがに考え込んでしまった。

音読が苦手な子にとって、漢字は大きなハードルの一つである。漢字という基礎ができてこそ音読も可能になる。音読がすらすらできるようになれば、読解や発展的な学習の可能性も広がるはずである。

2　漢字学習で育つ力

✻細かい部分に着目し、識別する力

漢字学習の過程で身につく力の一つとして、「細かい部分に着目し、識別する力」もあげられる。「筆順や、とめ、はね、はらいなんて大騒ぎするほどの価値はない」という人もいる。確かに、字源的には意味がない場合も少なくない。

例えば、よく話題に出てくる例として「右」「左」の筆順がある。この二つの筆順（「右」はノ↓ナ↓右、「左」は一↓ナ↓左）の指導の際に字源をからませて話をすることがある。

「右」の字源の絵は【】である。【】が手と腕を示しており、右手で口にものを運ぶ（あるいは道具を持っている）ところである。腕にあたる部分が長くなっているので、力が入りやすいように筆順としては二画目になる。「左」の字源の絵は【】だから、左から手が伸びている。右と

は逆に長くなるところ（腕）が左への払いとなるのでそこが二画目になる。

簡単にいうと、こんな内容である。これに対して、「漢字母国の中国では、左右の筆順に違いはない」「字源的には左右は区別されていない」という意見もある。だから、この筆順にこだわるのは意味がない、というのである。

しかし、私は中国でそうだとしてもなお、子どもに左右の筆順の違いと、そのわけを話すことは意味はあると考える。この話を聞いて、「へえー、そうなのか」と見慣れているはずの左右という漢字を、改めてじっくり観察する子もいるのではないだろうか。漢字に興味を引かれるようになる子も出てくるのではないだろうか。

なお、「右」「左」の筆順については、別のおぼえ方もある。兵庫県の辻田雅司氏にうかがった方法である。「右」は、一画目から二画目を続けて書くと「右巻き」の丸のようになる。同様に「左」の一画目と二画目を続けると「左巻き」の丸のようになる。したがって「右」は「右巻き」、「左」は「左巻き」、とおぼえるというものである。こちらの方がわかりやすいかもしれない。

甲骨文字の研究が進み、漢字の由来についてはかつてとは違った部分も出てきている。逆にいうと現在でも、専門家でもわからない部分がかなりあるはずである。予想で補っている部分も多いだろう。完全に正しいとはっきりしていることだけを教えようとするとかなり限定されてしまう。むしろ、子どもにとって何がよいのかという視点も持って漢字指導についても考える必要がある。

指導の場で、「こんな考えがあるけど、もしかしたら、君たちが予想したことの方が合ってるかもしれないよ。何千年も前のことだからよくわからないんだから」ということをくり返し子どもに言っておけば、それでよいのではないかと思う。

話をもどすと、子どもに細かい部分に着目し、識別する力を育てる手だてとしても、漢字のとめ、はね、はらいや筆順にも意識を持たせることは、けっして意味のないことではないと私は考えている。

＊硬筆書写としての漢字

小学生の場合、字の美しさと漢字の力はかなりの相関関係があるというのが私の実感である。これはなぜだろうか。おそらく「細かい部分に着目し、識別する力」が、書写とも共通する力だからと思われる。

筆順、とめ、はね、はらい、といった比較的はっきりとわかる部分だけでなく、線の微妙な位置や曲がり具体、縦線と横線の交わる位置といった「書写的」とでもいえるような部分も漢字にはある。漢字の細かい部分や字形にも気をつけて書くことは、そのような「書写的」な力も自然に鍛えることにもなる。

漢字をすでにおぼえてしまっている大人の場合は別だが、子どもの場合、練習や小テストでなぐり書きをしている子は、ていねいに書いても不正確なことが多い。なぐり書きをしているような練習では、細かい部分まで気をつけてはいないだろうから、当然ともいえる。

字をていねいに書かせるということは、そういった意味もある。ただし、簡単なことではない。私は、「ていねいに書きましょう」を常に言い続けているが、なかなかていねいに書くことは習慣にはならない。根気のいる指導である。

二年生を担任したときのことである。川本さんという女の子がいた。漢字がかなり苦手で、線が一本少ないとか、点が一個多いといった間違いは当たり前のようにくり返していた。性格はまじめなので、漢字の宿題はきちんとやっているのになかなか成果が出ない。またやや幼い面があり、課題への取りかかりが遅れたり、授業中の指示を聞き逃したりということが、たびたびあった。

川本さんは字にもくせがあった。くせがあるだけでなく、私が直してもなかなか直らなかった。その川本さんの「か」という字を直すのに、私はずいぶんと時間をかけた。ひらがなの「か」を書くときに一画目を真ん中よりも右へ大きくはみ出して書く。私としては、「か」の一画目はマスの真ん中あたりで曲げて書いて欲しい。

私は、川本さんに何度もこのことを指摘した。もちろん、実際に書いて見せたり、目の前で書かせたりもした。連絡帳の点検のときも、「か」だけはむきになってチェックし、できていなければ（いつもできていなかったが）、書き直させた（つまり、川本さんは毎日書き直していた）。

ふつうなら、ここまでやられれば、自然におぼえそうなものである。休み時間に、呼ばれたり書き直させられたりするのは、子どもにとって面倒なことのはずである。それに、「か」の一画目を真ん中で曲げることが、川本さんにとって大きな抵抗のあることとも思えない。

私もむきになって、授業中も国語だろうが算数だろうが、「か」を書くときは「川本さんの『か』だからね」「川本さん、『か』の曲がるとこ、大丈夫?」などと言い続けた。指摘されなくても、川本さんが「か」を一画目が真ん中あたりで曲げて書くようになったのは、私がしつこく言い出してから一か月ほどすぎてからのことであった。

随分とどうでもよいことに時間をかけたように思われるかもしれない。しかし、私の意識の中ではこんな小さなことでも、大げさにいえば川本さんの認識能力を鍛えることにつながるのではないか、という思いがあった。

川本さんがなかなか漢字をおぼえられなかったのは、単なる練習不足ではない。「書写的」な力が弱いために、細かい部分まで正しく見分け、書き分けることができない、という面もあったに違いない。その一例が「か」の一画目の曲がり具合である。

逆にいえば、漢字の字形や細かい部分まで意識することは、「書写的」な力を鍛えることにもつながる。そして、その力は今度は、漢字の吸収力を高めることになって戻ってくるはずである。

その後の川本さんは、徐々にではあるが確実に漢字をおぼえる速さが増した。小テストの点で表現すると、二年生のはじめは、ほとんど三、四〇点だったのが、一年後には七〇点、八〇点が普通になっていた。もちろん、「か」の一画目は、真ん中で曲げていた。

ちなみに、書写指導の意義は、字がきれいになるということ、「細かい部分に着目し、識別する力」を育てることの他に、クラス全体が集中して静かに一つのことに取り組むという状態を作りやすい、ということもある。姿勢についても「字が曲がるよ」といった具体的な指摘をしやすい。特に硬筆の場合、ほぼ毎日、多くの授業で使うので指導の場面もたくさんあることになる。

＊思考を助ける漢字

「漢字なんて書けなくても、辞典の調べ方さえ知っていれば、それでいい」という人がいる。「これからは、ワープロ・パソコンをよく使うようになる。そうすれば、漢字なんて大体のところがわかっていれば、表示された中から選べばいい」といった意見もある。

私はどちらにも賛成できない。辞典の調べ方を知っていても、わからない漢字が多すぎてはいやになってしまう。単語のわからない英文を読んだり、書いたりするときの辞典を引く手間を思い出してほしい。

さらにいうと、私の知る限り、漢字が苦手な子は辞典を引くスピードも遅い。つまり、漢字をあまりおぼえていない子は、調べるべき字が多い上に、辞典を引くスピードも遅いため、かなりの負担をしいられるということになる。結局調べなくなるだろう。

次の二つの文章を見比べていただきたい。

〈つまり、漢字をあまりおぼえていない子は、調べるべき字が多い上に、辞典を引くスピードも遅いため、かなりの負担をしいられるということになる。〉

〈つまり、かんじをあまりおぼえていないこは、しらべるべきじがおおいうえに、じてんをひくすぴーどもおそいため、かなりのふたんをしいられるということになる。〉

明らかに前者の方が読みやすい。頭を割って中を見るわけにはいかないが、後者のように認識している子はものごとを考える際に、かなり不利になるだろう。

このように、思考の上での漢字の働きも、見落とすことができないのである。

漢字のことを書いているが、私自身は自分の文章の中では漢字（特に漢語）を使いすぎないように も気をつけている。適切な割合で使われてこそ、漢字が生きるという気持ちがあるからだ。

この文章は「一太郎」というワープロソフトを使って書いており、その機能の中に漢字使用率を出すというものもある。そのためいちいち漢字とひらがな、カタカナの数を数えなくてもすぐにわかる。

ちなみにこの機能を使うと、平均的な漢字の使用率も参考資料として見ることができる。それによると「新聞の社説五十二%、教科書三十二%、マニュアル四十三%、雑誌二十九%」である。

したがって特に新聞レベルの文章を読むときには、漢字の得手、不得手はかなりの差となって現れ、思考力への影響も大きいことになる。

Ⅱ章——漢字指導の実際

◎ カタカナのなりたち ◎

(尓)ン ン	和ワ ワ	良ラ ラ	也ヤ ヤ	万マ マ	八ハ ハ	奈ナ ナ	多タ タ	散サ サ	加カ カ	阿ア ア
	井ヰ ヰ	利リ リ		三ミ ミ	比ヒ ヒ	二ニ ニ	千チ チ	之シ シ	幾キ キ	伊イ イ
		流ル ル	由ユ ユ	牟ム ム	不フ フ	奴ヌ ヌ	川ツ ツ	須ス ス	久ク ク	宇ウ ウ
	恵ヱ ヱ	礼レ レ		女メ メ	部ヘ ヘ	祢ネ ネ	天テ テ	世セ セ	介ケ ケ	江エ エ
	乎ヲ ヲ	呂ロ ロ	与ヨ ヨ	毛モ モ	保ホ ホ	乃ノ ノ	止ト ト	曽ソ ソ	己コ コ	於オ オ

1　漢字指導の工夫

(1) 時間の確保

一二ページに書いたように、私は「基礎と発展」について、三つのことを念頭に置いている。そのうちの一つは、「基礎には、手間も暇もかかる」である。したがって、漢字学習にも時間がかかることを大前提にしている。それでも、目の前のことに流されがちな弱い人間としては、つい、漢字を後回しにしてしまうこともある。

「今日は、運動会の練習が二時間もあったから仕方がない」「進度が遅れてるから、とりあえず、漢字はやめておこう」など、いくらでも理由は出てくる。しかし、運動会が終われば音楽会があったり、一年中どれかの教科は進度が遅れていたりして、こんな言い訳をしている限りいつまでたっても、漢字学習の時間を確保することはできない。

そこで漢字を重視するなら、意図的に時間を確保する必要が出てくる。私は三段階のレベルで時間の確保を考えている。

私の体験をもとに具体例を述べてみよう。

①学期の中で──　②一日の中で──　③授業（四十五分）の中で──

＊学期の中で──

漢字の指導は教科書やドリルに合わせて進める場合が多いだろう。どの学年でも教科書もドリルも学期を大きな目安として配列されている。一つの学期の中で漢字をどのようなペースで進めればよいのだろうか。

まずは、教科書の教材文に合わせて進めるということが考えられる。このよい点は教材文の中で新しく出てきた漢字を、その教材を学習しているときに扱うことができるということである。文章のつながりの中で漢字をおぼえていくのが本筋だろう。

しかし欠点もある。教材ごとに漢字を扱うと当然のことながら、最後の教材に出てくる漢字は学期の最後に学習することになる。するとそれまでに学習した漢字に比べて復習の期間が短くなってしまう。習ったときにどんなに練習しても、復習せずに学期末にまとめの漢字テストを行うと惨憺たる結果になる。少なくとも私の担任した子どもたちはそうだった。

となると、教科書教材の進度とは別に漢字については、早目に終わっておきたい。そうすると残りを復習の時間に充てることができる。または、進めながら復習も並行してやっていきたい。どちらにしても、復習が必要なこととその時間の確保のためには、教材と一致して進めるわけにはいかなくなってくる。

私は先輩教員から「漢字は文学教材などの進度と関係なく、毎日二文字ずつというように進めていくといい」と教えてもらい、新任のころからそうしている。数は、低学年では一文字ずつのときもあるし、高学年では三文字ずつにすることもある。

例えば、五年生の二学期は三文字ずつほぼ毎日進めたら、十月末には、二学期分の新出漢字は終えることができた。そうなると、あとは比較的ゆとりをもって復習に充てることができる。

市販のドリルを使って進めているので、テストの部分を使って復習したり、子どもに問題を作ってもらって復習したりできる。

＊一日の中で——

私はルーズな人間なので、「ふつう」にしていると何でもずるずると遅れていく。だから、いつも同じ学年の先生が何をやっているかを、きょろきょろと見渡している。だれかが、成績一覧表に子どもの名前を書き出せば、私も書く。何かの書類を書いていれば、机の上をひっくり返して同じ書類を探す。

だから自分だけの担当の仕事があると、たいていだれかに迷惑をかけることになってしまう。私は職員室ではいつも謝っているような気がする。事務的なことはある程度これで（？）すむ。

授業についても、他のクラスの話を聞いて進めることも多い。しかし漢字に関してはクラスによって進め方も違うし、あまり話題にもならない。

つまり「ふつう」にしていると、「ちょっと時間がないからやめておこう」とか、「あれっ、今日は結局漢字をやらなかったな」といったことになってしまう。

「国語の時間のはじめは漢字」とすれば比較的一定のペースで進む。それでも、国語の授業が抜ける日もある。さらに国語の時間の前に、毎回、新出漢字と小テストをやっていると、ちょっと字源の話題に触れたり、回収の時間なども含めたりするとすぐに十五分くらいはすぎてしまう。「基礎は手間も暇もかかる」と腹をくくっているとはいえ、毎時間これではきつい。

毎日小テストをするというのは復習の意味も兼ねている。漢字が苦手な子は、小テストが数日ないと、途端に点数が下がることになりがちである。となると、やはり、国語のあるなしにかかわらず、漢字の時間は毎日確保したい。

そこで、私は、新出漢字と小テストの時間を分けることにした。例えば、ある日の時間割が次のようだったとする。

一限＝算数　二限＝音楽　三限＝社会　四限＝国語　五限＝体育

この時間割だとこんなふうに考える。一時間目の算数のはじめに漢字の小テストをする。二時間目の音楽は専科なので当然できない。三時間目の社会は、地図帳を引く練習や県名カードのゲームを、はじめの五分を使ってやっているので入れることはできない。だから四時間目の国語の時間に

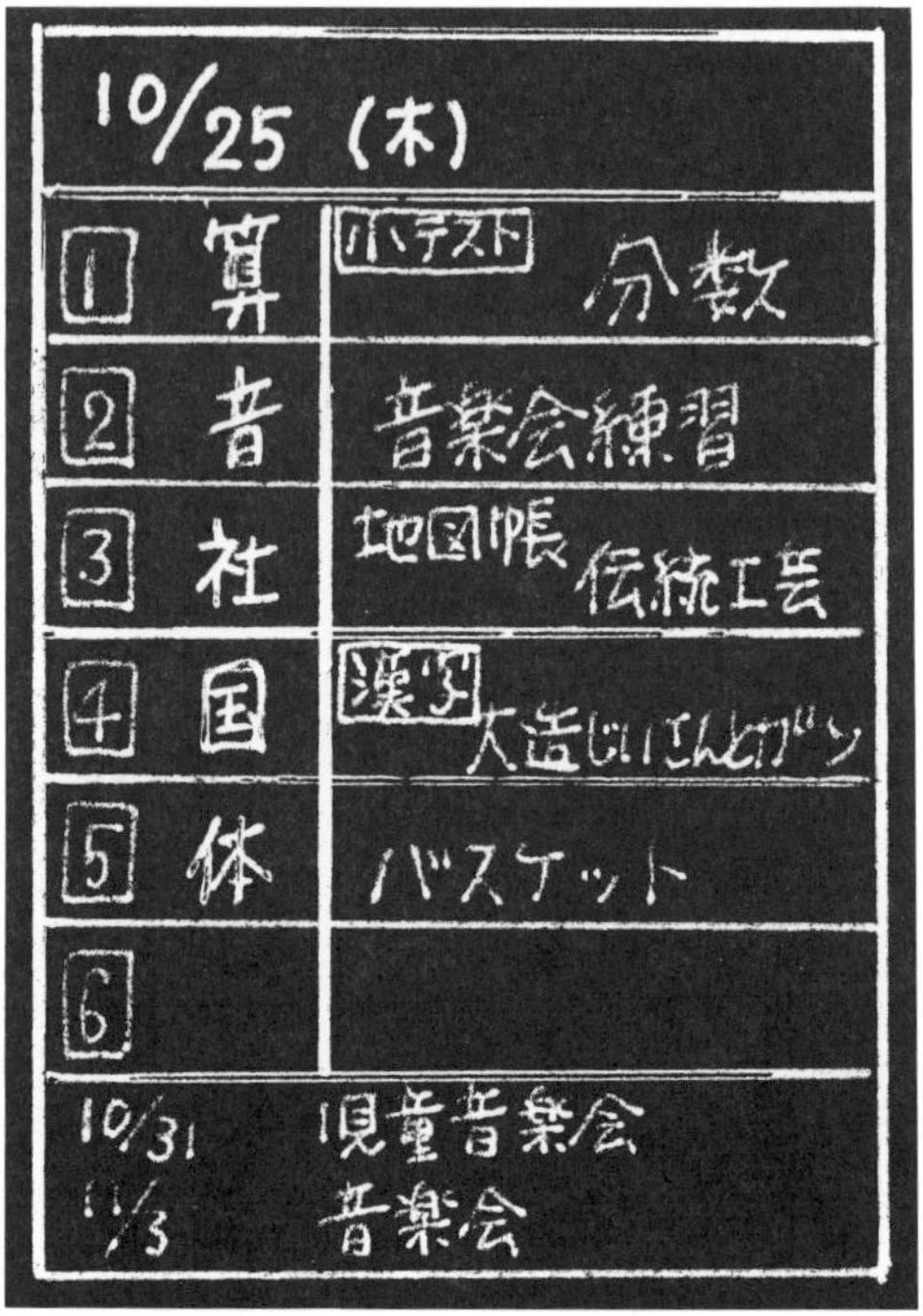

新出漢字を行うことにする。

これも頭の中だけでやっていてはすぐに忘れてしまうので、教室の前に時間割と学習内容を書く小黒板を置くことにしている。裏がマグネットになっているシートに「漢字」「小テスト」などと書いてある。それを一時間目の算数と四時間目の国語の時間に貼りつける。

子どももそれを見ている。一時間目がはじまると、小テスト係が用紙を配り、問題を書く。四時間目がはじまると、漢字係が前に出て練習をはじめる。私が忘れていても子どもの方が気づいてくれる。

＊授業の中で——

授業参観や研究授業では早く進みすぎて、時間が余ってしまうこともあるのに、普段の授業では逆に遅れがちになってしまう。これも私の計画性のなさの表れなのだろう。

漢字の時間を後に回すと、先に述べたように遅れていくことになりかねない。そして、まとめて十個以上一気に教えることになったり、授業ではほとんど扱わず宿題に出して指導したことにしてしまうのである。そこで授業の最初に漢字の時間をとるようにしている。これは基礎の重視という考え方が具体的に現れる場面ともいえる。

例えば、先の小黒板でいうと、一時間目のはじめが「小テスト」の時間である。そこで一時間目がはじまると、すぐに小テスト係が用紙を配る。テストの問題は、五年生だと小テスト係が問題を板書するが、低学年の場合には、私が黒板に書くことが多い。場合によっては、口頭で言うだけのこともあり、問題を書いて配るときもある。

問題文の長さによって小テストの時間も変わってくる。仮に五分間とすると、タイマーを五分にセットする。タイマーが鳴ると、子どもたちは、小テスト用紙を前に出す。男女別、出席番号順位で一番から十番の場所、十一番から二十番の場所というように決めている。全員が出したら、小テスト係がすべての用紙を順番に重ね、左上をクリップで止めて教卓の上に置く（左上というのは、私が左手でめくりながら採点をするのにやりやすいからである）。これは私が点数を記録するときに、出席番号順に名前をさがすという無駄な時間がなくてすむ。

(2) 子どもを生かす

＊漢字係、小テスト係

先にも触れたが、私はクラスに漢字係、小テスト係を置いている。教師が何でもやるのでなく、子どもにできることは、できるだけ子どもにもやってもらおうと考えている。

新出漢字や小テストはパターン化しているので、子どもにも十分できる。

漢字係は、できるだけ休み時間のうちに黒板にその日に学習する新出漢字を書いておく。子どもによっては読み方や熟語などを書く子もいる。ドリルに出てくる順にやるので、どの漢字を用意するのかはすぐにわかる。授業がはじまると、ほぼ次のような流れになる。

一、漢字係が「最初の漢字は『祖先』の『祖』です。注意するところは、示偏と衣偏を間違えないようにすることです」というように簡単に説明する。
二、ドリルの新出漢字を「イチ、ニイ〜」と声を出しながら指でなぞる。
三、空中に指で書く。
四、スピードを速くしたり、目をつむって書いたりする。
五、その日の別の漢字を同様に練習する

六、ドリルで練習する（三マス分ある）

小テスト係（高学年）は、問題を黒板に書く。これも休み時間のうちにできるだけやってもらうことにしている。他の子どもたちも問題を見ることになるが、それでおぼえるならむしろ積極的に見てほしいと思う。小テストとはいいながらも、ねらいは復習であり、小テストをやる中でおぼえることである。漢字が苦手な子に限って、問題が前にあっても見向きもしない。

休み時間に問題が書けていないときは、小テスト係が問題を書き出したら、それに合わせてみんなもテスト用紙に答えを書いていく。係が問題を書き終えたら、タイマーを一分にセットし、終わりが近づくと「三十秒前です」などと教えることにしている。時間がきたら、男女別に出席番号順に出された用紙をまとめてクリップでとめる。それを教卓の上に置くまでが仕事である。

新出漢字はドリルにそって進めているので、小テストは前日（または、前回）に学習した新出漢字が最初に出てくる。そして、前々回分、三回前の分の漢字とさかのぼっていく。これを私は「さかのぼりくり返し」と呼んでいる。

漢字係はみんなの前で書いたり、指を動かすため、普段よりも緊張して漢字の時間をすごすことになる。つまり、いつもよりも有意義な練習になる可能性が高い。だから、希望者が漢字係になることにしている。

しかし、小テスト係はそういうわけにはいかない。何といっても本人は小テストを受けない。毎回小テストの点数を記録しているとわかることがいろいろある。まず、漢字が苦手な子ほど前回の小テストと間があくと結果が悪いことが多い。連休で二日やっていなかったとか、病気で休んで前日の小テストを受けていないときには、点数が下がることが多いのである。

こういう子の中には小テスト係をやりたがる子もいる。「小テスト係になったら、そのときはテストやらなくてていいんでしょ?」というわけである。このような子も小テスト係にすることを、私は平等だとは考えていない。この子たちは小テストを受けることが大切な勉強であり、復習である。

そこで、小テスト係は、「過去五回が全部百点だった子の中で選びます」というようにしている。一学期にやった子には遠慮してもらい、漢字係とは兼ねないようにしているので、ある程度の数にしぼられている。結果的に三、四人で順番に回すことになる。

他の係は、すべて希望制にしているが、小テスト係だけは条件付きというわけである。

漢字係、小テスト係を置くことで教師の負担が減り、継続がより可能になってくる。しかも、子どもにとっても活躍の場が増えることにもなるのである。

＊子どもに「コツ」を学ぶ

漢字係、小テスト係を置くことは、教師にとって子どもに勉強のコツを教えてもらう機会にもなる。例えば、漢字係が黒板に自分で工夫して読み仮名をつけたときは「やっぱり、読みも全部書いた方が印象に残るかな」といったことも考えた。

また、小テスト係には、中テストの問題も作ってもらっている。中テストとは新出漢字がある程度進むとそれらをまとめて十題の文章を作り、テストをするのである。私はできたものをチェックし、明らかに間違っているものや文法的におかしいもの、表現が不自然なところは書きかえるように指示する。あとは、多少のことは目をつむることにしている。

例えば、五年生の小テスト係が、問題の中で「山川草木」を作った。この漢字は五年生にとっては簡単であったはずである。しかし問題文は「やま、かわ、くさ、き」ではなく、「さんせんそうもく」であった。これでは、ほとんどの子がわからない。しかし、問題を作った係に聞くと「一年生の漢字でも、わからない読み方があることをいいたかったから、辞典でさがしてわざと出した」と言う。

漢字のおぼえ方については、漢字係に限らず授業中によく子どもたちに「いいおぼえ方ないかなあ」と、尋ねることにしている。私としては、字源を理解することが漢字をおぼえるための有力な手立てと考えている。しかし、実際には、字源を理解するだけではおぼえる手助けにならない漢字もあるし、字源が「性的」なもので、授業中には扱いにくい漢字もある（例えば、二年生の配当漢字である「色」の字源は、男が女を後ろから抱いて交わっている絵だという。二年生に、教えるわけにもいかないだろう）。

そこで子どもにおぼえ方の「コツ」を聞いてみる。たいていは、筆順にそって単純にバラしたものをいう。二年生に「室」を教えたときは、「ウ、イチ、ム、ツチだ」という子がいた。確かに、「うかんむり」「一」「ム」「土」の順に書いていけば「室」は出来上がる。とはいえ、「ウイチムツチ」とは全く意味のない言葉ではないか（これをおぼえる方がむずかしいだろう）、などと思いながらも「じゃあ、『室』は『ウイチムツチ』でおぼえられる人は、これを使おうか」と全体の前で言った。

私の予想では、これでおぼえられる子は少ないと思っていた。ところが、「ウイチムツチ」という響きがおもしろいらしく、私が「ウイチムツチ」と言うたびに子どもたちは大笑いする。「ウイチムツチだって」「ウイチムツチ、ウイチムツチ」と、いったい何がおもしろいのかわからないが大喜びである。

となると、これを積極的に使わない手はない。小テストで「室」を出すときは『ウイチムツチ』だったね」とわざと強調して言う。もし、「一」を抜かして間違えた子がいたら「これじゃ『ウイチムツチ』じゃなくて『ウムツチ』だろ！」などと、「ウイチムツチ」をできるだけ使うようにした。すると、かなり「ウイチムツチ」は定着し、二年生にとっては比較的難しい字の「室」の間違いも少なかった。

私は「コツ」という言葉を子どもの前でもよく使う。努力することは大切だが、同じ努力でも常にその効果を検討しながらよりよい方法で行うべきだと思う。それは、わかりやすく言うと「コツ」、ということになるのではないだろうか。

＊縄跳びと計算の「コツ」

例えば、縄跳びで三十秒間に何回跳べるかの練習をしていたとき、九十回を超える子に前に出て跳んでもらった。その後に、「何かコツがあったら教えてあげて」と水を向けると、子どももなりにいろいろなことを言う。

「縄を速く回す」「軽く跳ぶ」「腕を動かさないで手首で回す」などが出た。教師から見ると当然のことも多いが、同じクラスの子どもが目の前でやった後に言うと説得力が増すらしい。その言葉の通りに練習してすぐに記録が伸びる子も出てきた。

また、私には気づかなかったことを言ってくれる場合もある。私は、高学年になっても四則計算の基礎練習を続ける。二桁割る一桁の暗算を五十問ずつやっていたときにも、子どもにコツを尋ねた。トップクラスの速さの菅原君が、「答えを書いている間に、次の問題を見とくとすぐにはじめられる」と言った。これはかなり、レベルの高いコツである。

次の北村さんは特別に速いわけではない。「九の段の時は、答えが割られる数の十の位のことが多い」。はじめは、私も何を言っているのか分からず、他の子も「ええ、何?」という雰囲気だった。私が、「もう一回、言って。例えば 34÷9 だったら?」と黒板に書きながら、促した。北村さんはもう一度ゆっくりと説明した。

「34÷9 でいうと、三四の十の位の三が答えになることが多い。絶対じゃないけど」

私は「ああ」と大きな声を出してしまった。同時に意味を理解した何人かの子も「ほんとだ」「わかった」などと声を出していた。確かに 34÷9 の答えは、三あまり七である。

「他の問題もやってみようか」と、私はいくつかの問題をやってみた。25÷9も、二あまり七である。53÷9も、五あまり八である。必ずあてはまるわけではないが、答えの見当をつけるのには役に立つ。

少し冷静になって考えれば、九で割るということは、十で割ることにかなり近い。つまり、割られる数の十の位に答えが近いのは当然である。しかし、この計算練習のときにその発想はなかった。北村さんは、計算をくり返している間にこのコツを会得して使っていたのだろう。これは、はじめから計算が得意な子には、逆に思いつかないことかも知れない。

私が漢字の問題を子どもに作ってもらっているのは、こういった面の期待もある。子どもが作ると、私の頭で考えるよりもずっとユニークな問題が出てくる。そんな問題の方が子どもにとって身近だったり、印象が強かったりする場合もある。教師は「楽」で、問題を作る子は張り切って取り組み、練習する子たちにとってもおぼえやすい。一石三鳥をねらっているわけである。

(3) 作文指導の中で

＊作文チェックは漢字第一

「漢字のテストでは正しく書けているのに、作文や日記はひらがなばかり」という子がいる。そうでなくても、知っている字をすべて使っていたり、わからない字は調べてでも使ったりする子はまれである。

漢字学習はその過程にも意義があるのは、「漢字学習で育つ力」（二五ページ～）で述べたとおりである。とはいえ、やはり普段の生活で使ってこそ、漢字を使いこなしていることになることも間違いない。

そこで、私は作文提出時のチェックは漢字を第一にしている。小テストや新出漢字の指導の時だけでなく、少しだけ漢字を意図的に指導する場面を広げているのである。

そんなに高度なことをしているわけではない。次のような流れになる。

1作文を書き終えたら、まずは自分で見直しをする。

2見直しをしたという印に欄外に丸をつける。

3提出する際に、見直しの丸がついていないときは、受け取らない。

4さっと、漢字の点検だけをする。

5漢字が正しく使えていない子には、以下の三種類程度に分けて対応する。

a「漢字が使えていないのがあるよ」と返すか、簡単に指で書き直す部分を示す。

……比較的漢字の力の高い子に。余計なことを言わずに渡す方が本人の勉強になる。

b「これとこれを書き直しなさい」とチェックを入れて返す。

……やや力の劣る子に。チェックがないと書き直す際にもれが多すぎて、何度も再提出になってしまう。

c 「この字に直しなさい」と正しい漢字を横に書いて渡す。

……漢字が苦手でどうしたらよいのかわからないような子に。ふつう、クラスに一人か二人くらい。

もちろん、指摘されてもどう書いてよいのかわからない場合もある。そんなときのために、国語辞典を用意させている。作文が書けても、漢字が正しく使えていないと、受け取ってもらえないことがわかってきたら、最初から漢字で書こうとする。わからないときは、辞典を使うようになる。ただ、使い慣れていない子には、面倒な行為である。何とかしてのがれようとする。「この字どう書くの?」と聞いてくるが、「自分で調べなさい」と受け付けない。そのために国語辞典を持ってくるようにしているし、忘れた子のために、教室の後ろには数冊置いてある。

それでも何とかごまかそうとして、こちらの顔色をうかがいながら、ひらがないっぱいの作文を出す子もいる。「全然、漢字を使ってないじゃないか!」と責めると「あっ、忘れてた」と、にやりと原稿用紙を引っ込める。〝ちぇ、だめか〟というところだろう。この「あっ、忘れてた」を、何度もくり返す。

こちらにすると、一応目を通して、漢字が使われていないところが何か所もあるのを確認してから突き返すわけだから、無駄な手間をかけられたことになる。そう毎回やられては不愉快である。

ここで、欄外の「丸」が力を発揮する。まず、この見直しの印の丸がなければ、「見直ししなさい」と返せばよい。丸をつけたのに、何か所も書き直すところが出てきたら、これは責められても仕方がない。「あっ、忘れてた」は使えない。たかだか、小さな丸ひとつだが、やはり「嘘をつく」ということには抵抗を感じる子が多いらしく、この丸方式を採用してから、チェックの手間が少しは省けるようになった。

(4) 国語辞典の活用

そうは言ってみても、チェックがあるから仕方なく見直しをする、国語辞典で調べる、というのは本質的な解決にはなっていない。チェックしなくなれば、またひらがなだらけに戻るだろうし、辞典も開かなくなる。

やはり、辞典を使い慣れることが大切である。いつも手元に置いて、わからない字や言葉があったら、すぐに調べるようにする。これを続けていると辞典を引くのも速くなるし、めくる手間への抵抗も少なくなってくる。

中には、辞典を読むことがおもしろくなってくる子も出てくる。現在担任しているクラスには、国語辞典、漢字辞典、ことわざ辞典をいつも机の上に置いている子がいる。休み時間に国語辞典をながめている子もいる。

＊まずは手元に置かせる

辞典を使い慣れさせるために、私は高学年では次のようなことを意識している。まずは、持ってこさせるところから、はじまる。漢字の苦手な子は辞典を引くのも遅い場合が多い。そんな子に限って、本人の意思に任せていてはなかなか持ってこない。まずは、持ってくることを「強制」する。そしてせっかく重たく、かさばる辞典を持ってきても使わないのでは意欲も半減である。国語に限らず、できるだけ引く機会を作る。理科の「太陽と月」（五年生）の学習のときに、「昨日は三日月だった」という子がいたので、早速「三日月」を引くことにした。辞典は読み比べてみるのもおもしろい。説明も理科的な太陽と月との位置を書いているものもある。形についても、「弓形」「爪痕の形」など表現の仕方がいろいろである。こういったことを普段からくり返していると、何も言われなくてもちょっと聞き慣れない言葉が出てくると、自分から調べる子が増えてくる。

ある日の三時間目、授業はじまりのチャイムが鳴ってから、少し遅れて教室に向かった。すると、教室では別の先生がクラスの子どもたちをかなり厳しい調子で叱っている。チャイムが鳴ってからの移動の態度が悪かったらしい。

私が入ると、ちらりとこちらを見る子が数人いたが、すぐに視線を落として神妙にしている。たまには他の先生に厳しく叱られるのもいい経験だな、などと思いながら横で話を聞いていた。その先生は、しばらく話を続けた後で、「今日帰ったら『傍若無人』という言葉を辞典で調べなさい！」

と言って、振り向きもせずに出ていってしまった。

さて、どうしようかと思っていると、一人の男の子が国語辞典を開きはじめた。「『ぼうじゃくぶじん…』あった。『人にかまわず、気ままにふるまうこと。人を人とも思わぬさま』か。なるほど」などと呑気なことを言っている。それを見て他の子たちも一斉に調べだした。いつものように友だちの辞典と交換して読み比べているものもいる。

ひとえに、日頃の指導の成果である。しかし、反省は……あまりしていない気がする。

✳国語辞典のおもしろさを教える法

普段使うことから辞典に親しみ、辞典のおもしろさを自然に体験することができるかもしれない。

しかし、辞典を引くという作業に慣れるには集中的に使うことも必要である。

例えば、国語の教材に出てくる言葉の意味調べなどはそれにあたる。五個、十個の言葉を次々と引いていくのは、普段ではなかなかしないことである。子どもの様子を見ていると、やはり辞典を引く速さには大きな差がついている。同じ時間では、言葉をよく知っている子の方が、辞典で調べる数まで多いのだから、語彙力の差はつく一方である。

その上、どんなことでも、大人でも同じなのだろうが、苦手なことは避けがちになる。辞典を引くのが苦手な子こそ、授業の中で辞典に触れる時間を少しでも多く持ち、おもしろさを体験する必要がある。

①漢字のしりとり

集中的に辞典を使うという意味では、教材文の言葉を調べる以外に、漢字のしりとりという方法もある。例えば、最初の言葉を「漢字」とだけ決めておいて、あとはこれに続くように熟語をならべていくのである。「漢字—字数—数学—学校—校長先生」といったように続けるのである。これは、意外と途中でつまるもので、辞典があるとかなり有利になる。

単純なゲームであるが、高学年でも熱中し、辞典を懸命に引く。その中で、知らない言葉や習っていない漢字にも出会うことになる。

②迷路づくり

漢字のしりとりを応用したものとして、漢字の迷路づくりもできる。

作り方は次のようにする。碁盤の目のように区切った用紙の隅をスタート、別の隅をゴールとする。スタートから先に述べたような漢字のしりとりで進んでいくのだが、しりとりでゴールをしたら、今度はその周りに別の漢字を埋めていく。すると、その問題を見た子は、よく漢字を読まないとどこへ進めばよいのかわからない。

さらに、より高度にしようとすれば、いくつかの方向に進めるように漢字をうめておき、その中で、実際にゴールまで行けるのは一つだけということもできる。

③小論文のキーワード調べ

また、自分が言葉を使うための準備としての意味調べもある。私は、普段の作文は短くてよいことにしている。たいてい四百字一枚か、二百字一枚程度である。しかし高学年では学期に一回ずつ、年間三回は、少し長目の作文を書く場を作っている。ちょっと気取って、「小論文」と呼んでいる。普段の作文では、メモづくりなどはまずさせないが、小論文のときは、そこに時間をかける。この準備をいい加減にして書き出すと、すぐに終わってしまったり、途中で「何を書いたらいいのかわからない」ということになってしまう。

やってみてわかるということも多いため、一学期は特に細かい注文はつけない。二学期は、構成や事前の資料集めも細かくチェックを入れる。枚数も四百字で五枚以上とする。これくらいは、準備をきちんとしている子は楽に超える。三学期は十枚以上とする。

この小論文の取り組みの中で、自分が書くテーマのキーワードを辞典で調べるという作業を入れる。これははじめにやっておくと、文章を書くときのヒントになる場合もあるし、発想が広がっていくこともある。

＊低学年での利用法

ここまでは、主に高学年を担任したときに取り組んだことを書いた。辞典は、中学年の指導事項である。当然中学年でも、同様のことを子どもに合わせて指導していくことになる。基本的には内容も変わらない。少していねいに教えていくことが違うくらいだろうか。

しかし、低学年となるとまた別の点を配慮することが必要になってくる。私は、一年生でも漢字辞典を使わせることにしている。以前は私自身のイメージとしては、国語辞典よりも漢字辞典の方が使いにくく難しいというものがあった。だが実際に子どもに使わせてみると、低学年でも漢字辞典の方が使いやすく、おもしろがるようである。

低学年が使う漢字辞典の条件としては、配当漢字が学年別に並んでいることである。低学年の子にとって部首や画数で引くことは至難の業である。その逆に、一年の配当漢字が並んでいる中から目的の漢字を探し出し、そのページをめくるという作業は、少し慣れればたいがいできる。もっといえば、一年の漢字の範囲を片っ端からめくっていっても子どもはたいていは見つけだす。これが逆に部首や画数でさがすことを求めると、なかなかたどり着かない。

この、学年別に並んでいる、ということさえ満たしている漢字辞典ならば、あとの違いはそれほど問題ないと思う。絵がきれいで、字が大きく見やすいといったことはよいに決まっているが、まずは子どもが目的の漢字にたどり着かなければ意味がないし、結局は使わなくなってしまう。

はじめて一年生を担任したときに、漢字辞典を持ってきた子がいた。兄か姉のものを借りてきたのだろうと思った。

「へえー、漢字辞典持ってるの。すごいね。ちょっと見せて」と、手に取ると一年生でも充分使えそうである。表紙を見ると幼稚園の名前が入っている。

「これ、幼稚園でもらったの？」と尋ねると、

「うん。卒園式のときにもらった。まりちゃんも持っているよ」と、後ろの席のまりちゃんをふりむいた。まりちゃんも同じ幼稚園だったらしい。

その辞典を上げて、「じゃあ、こんなの持っている人」と確認した。

すると、何とクラスの半分くらいが持っているではないか。まりちゃんたちの幼稚園だけでなく、他の幼稚園や保育園でも卒園のプレゼントに、漢字辞典を渡しているところがあるということがわかった。これなら、持っている子には使わせる方が親切だろう。

書店に行って探してみると、結構低学年用の漢字辞典は出ている。私が知らないだけだった。

こうして、私は一年生でも漢字辞典を使わせるようになった。

2　漢字指導の三要素

(1) さかのぼりくり返し

＊一回書けばおぼえられる!?

あれはたしか私が小学校の二年生のときだったと思う。漢字の宿題が大変だった。新しい漢字を習うと必ずその漢字の練習が宿題に出た。方法は、はっきりとおぼえているわけではないが、次のようなものだった。

まず、習った漢字を書く。その下のマスに、一画目だけを書く。二マス目には、二画目までを書く。こうしてその漢字が完成するまで、一画ずつ増やして書いていく。それが終わったら、そのとなりに三行、その漢字だけを書く。何マスのノートを使っていたのかわからないが、もし、今手元にある「おけいこちょう」というものなら一行八マスで二十四回、同じ漢字を書いたことになる。それよりも多かったような気もする。

小学校の六年間で、漢字の宿題の方法について今でもおぼえているのは、この二年生のときだけである。とにかく、大変だった印象が残っている。

担任の先生は、きっとそれくらい練習しないとおぼえられないと考えていたのだろう。漢字といえば、こういった反復練習が思い浮かぶ人も多いのではないかと思う。

ところで、何回書けば漢字をおぼえることができるのだろうか。読者の方々は、ご自分の経験からどんな数字を浮かべるだろう。私は思い切った数字をあげたい。

「一回」である。ただし、条件がある。「一日一回書くことを一週間続けること」が条件である。

「なあんだ」と思われるかもしれない。しかし、一週間続けるのはなかなかできることではない。宿題のシステムが必要になる。

そこで、私がとった方法が「さかのぼりくり返し」である。何のことはない。読んだ通り、「さかのぼって、くり返す」というだけのことである。

しかし、このシステムを使うようになってから、子どもたちは一日一回書くだけで、ほぼ習った漢字をおぼえるようになった。

具体的に述べてみよう。

「金・早・休・水・月・天・手」という順に漢字を習ったとする。

一日目は「金よう日」と書く。

二日目は、「早」を習うので「あさ早い」と書く。さらに「さかのぼって」前日の字も「くり返す」。「金よう日」も加えるので、二日目は「あさ早い・金よう日」と書くことになる。

三日目は、「なつ休み・あさ早い・金よう日」である。

七日目は、「大きな手・天じょう・一月・水よう日・なつ休み・あさ早い・金よう日」となる。「金よう日」は一日一回ずつ書くことを、七日間続けたことになる。このころには、もうおぼえているはずである。

＊「さかのぼりくり返し」にいたるまで

私が「さかのぼりくり返し」を宿題で使うようになったのは、教職八年目にはじめて一年生を担任したときである。一年生ということもあり、「漢字は易しいものばかりだし、そんなに手をかけなくても大丈夫だろう」と勝手に思いこみ、それまでの学年のように、小テストを頻繁にするといったことはなかった。

しばらくして、気まぐれに小テストをしてみて、愕然とした。予想とは全く違い、できていない子がかなりいたのである。

考えてみれば当然のことである。一年生だから配当漢字が易しいというのは、合っているだろう。だからといって一年生にとって、その漢字をおぼえることも簡単と考えるのは短絡的すぎる。

漢字をはじめて習い、練習の仕方もまだあいまいな状態なのだから、むしろ他の学年よりもていねいに見る必要があったのかもしれない。

　ショックを受けた私は、さっそくいっしょに一年生を担任していた四人の先生に聞いて回った。「漢字できてますか?」という質問に「難しいね」というような答えが続き、正直なところ内心ほっとしていた。やっぱり自分のクラスだけができていないいんじゃないんだ。

　ところが、一人だけは「できてるよ」とごく自然に答えた。三十代後半（だったと思う）の女性で、いつも穏やかな表情を崩さない。書写が専門の先生だった。私はその人を見て、「書道家とは心も鍛えられているのか。やはり、字は人を表すというのは本当だ」などと納得したものだった。

　それはそうと、肝心なことをはっきりさせなくてはならない。その先生の方に向き直って「(漢字の練習方法は）どうしてるんですか?」と尋ねた。

　あっさりと「全部書かせてる」と返ってきた。「?」どういうことだ。

「全部って、習った漢字全部ですか?」と念を押した。

「そう」と、軽くうなずいた。

　このまま終わるわけにはいかない。

「それを毎日やってるんですか」

「そうよ」

「でも時間がかかるでしょう。」

　頭の中で自分が指導した漢字をすべて順番に書かせている場面を想像した。子どもたちの「先生、わからん」「もっと、ゆっくりやって」「今、なんて言った？」といった声で、なかなか進まずいらいらしている自分が浮かんだ。それを毎日やっているという。

そんな私の様子を見て、その先生は首を軽く横に振りながら答えた。

「おぼえちゃうから、けっこう速いの」

ようやく私がその方法に興味を持っていることに気づいてくれたらしく、具体的に説明をはじめてくれた。次のようなものだった。

・習った字をすべておけいこちょうに書く。

・一文字目のときから毎日書いているので、漢字も順番もおぼえてしまっている。

・だから、教師が「習った漢字を書きましょう」と言えば、子どもたちは自分でどんどん書いていく。考えているほどは時間はかからない。

・そのノートをチェックすれば、同じ字を間違えていることを確認したり、指摘したりできる。

そう言われてみると、受験勉強のときなど、一度おぼえた単語もしばらく放っておくと忘れてしまうが、毎日一瞬思い出すだけでも、かなり定着がよくなったという経験がある。毎日思い出すというのは、平凡ではあるが有力な記憶法なのだろう。

このとき教えてもらったことを参考にしたものが、私の「さかのぼりくり返し」である。

＊小テストも、さかのぼってくり返す

宿題である程度の成果が上がったので、小テストも同じようにやることにした。十問の小テストを毎日やる。そして、一番は前日に習ったばかりの漢字を出す。つまり、宿題のノートと同じ順番に同じ漢字が出てくるわけである。

こうすれば、新出漢字を一日一文字ずつやっている場合は、十日間同じ漢字をテストすることになる。一日二文字ずつやっていても五日間できる。

しかし、十番になった漢字は翌日以降は、もう出てこなくなる。せっかく「さかのぼりくり返し」の効果を知ったのだから、さらに生かしたい。

そこで十番になった漢字は、翌日以降もどこかの問題と組み合わせて、できるだけ使うようにした。

二年生を担任したときの実際の小テストを載せることにする。学年で採用した「くりかえしかんじドリル」（新学社）の例文をそのまま使う。最初は五問テストからはじめる。

一　古いかばん
二　校門の前
三　魚を売る
四　くつを買う
五　名前を知る

習った漢字が増えるにしたがい、問題も増やしていき、十問になった。宿題でのやり方と同じように一番新しく習った漢字が一番にくる。

一　丸い石
二　前を見る
三　自分の考え
四　体をひねる
五　内と外
六　古いかばん
七　校門の前
八　魚を売る
九　くつを買う
十　名前を知る

ここからは、例文のまま追加していくと九番、十番になった漢字はもう姿を消していくことになる。このときは、一度に二文字ずつ学習していた。ということは、五回小テストをすると終わることになる。残念ながら、漢字が苦手な子はこれだけで定着するとは限らない。

そこで、このあとは新しい漢字を習うたびに文を組み合わせていくことになる。次の十問には、そのときどきに習った新出漢字を二十三個含んでいる（傍線部）。

一　半分の数

二　ゆうらん船
三　昼休みに体そうをする
四　毎朝、自てん車にのる
五　三組の友だちから手紙が来た
六　公園を長いれつがとおる
七　点線で丸をかく
八　店で古いかばんを買う
九　校門の内と外
十　売っている魚の名前を知る

問題文が長くなると丸つけにも時間がかかりそうだが、そうではないのは最初のさかのぼりくり返しでの話の通りである。十問目の「知」は、十四回目のテストになる。さすがにこれだけやれば、どの子も考えるまでもなく書けるようになっている。むしろ、まだしっかりおぼえていないために間違いの多い五問テストのころの方が、丸つけに時間がかかるくらいである。

ただし、これもクラスの実態による。私は、現在四回目の二年生を担任しているが、年々書く速さの遅い子が増えているような気がする。この場合、問題文が長くなると時間がかかりすぎてしまう。書く速さを鍛えるという取り組みが並行して必要になる。

また、ある程度くり返していると、だれも間違わなくなる漢字が出てくる。そのような漢字を出し続けるのは効率が悪い。そこで時々、どの漢字をどの程度間違えているのかをチェックしてみる。チェックの方法は、私の場合次のようにしている。全問正解している子の用紙をコピーする。そして、全員の正誤の結果を「正」の字を使って字の横に記録していく。問題全体でやるのでなく、漢字ごとにすることがポイントである。面倒なようだが、やってみるとそれほど時間もかからず、その後の小テストの効率がよくなる。

さかのぼりくり返しのやり方で小テストの問題も出していると、九番や十番はかなりくり返し出題しているはずである。その上で、全員が正解していれば、かなり定着してきたと判断できる。一番、二番はできたからといっても、習ったばかりの漢字である。ここで小テストをやめると数日後には忘れてしまっているかもしれない。まして、前半の問題で間違いが多ければ重点的に指導する必要がある。全体に間違いが多い漢字を説明したり、くり返し間違える子は個別に呼んで指摘する。これも面倒なようだが、やはり、個別に指導するのと全体に説明するのとでは、効果も違ってくる。

こういった指導をした上で、それでも、どうも間違いが減らないと思ったら、新出漢字の指導をいったん止めることにする。しかし、小テストは続ける。つまり、同じ問題をくり返すのである。これである程度は正解率が高まってくることが多い。

＊「うそテスト」「大うそテスト」「漢字特訓」

「うそテスト」と称して、ドリルや教科書を見て書いてもよいことにする場合もある。見ずに書く子は名前の下に「見ない」と書かせる。それぞれが自分の力に応じて取り組むことになる。

さらに「大うそテスト」というのもある（このネーミングだけでも子どもは喜ぶ）。答えの文をそのまま小テストの用紙に私が書き込み、印刷して配る。子どもたちは、それを自分の小テスト用紙に写すだけである。いわゆる視写である。こんな小テストは、意味がないと思われるかもしれない。しかし、漢字が苦手な子の場合、この写すという作業さえできない子が少なくない。この「大うそテスト」でも間違える。普段の学習でも教師のフォローがいかに必要かが再認識できる。

漢字が特に苦手な子の場合、それでもなかなか全問正解といかない場合がある。このシステムだけでは足りないのである。そんなとき、私は「漢字特訓」といって、一人（あるいは数人）の対象生徒だけを呼んで漢字の指導をする。指導といっても普通の練習ではない。翌日の問題をやらせるのである。

当然、なかなか一回目で全問正解とはならない。間違えた字は書き直し、もう一度最初からやり直す。これを全問正解するまでくり返すのである。つまり、前日の段階で翌日の小テストが完全にできるまで、「仕込む」のである。

これで次の小テストはかなり伸びるはずである。普段、あまりよい点数が取れない子の場合、こんなやり方でも高得点を取ると意欲がわくことが多い。そうなると、それ以降は吸収力が高まって、「漢字特訓」をしなくても、一定の正解率を維持できる場合が少なくない。

＊高学年でのくり返し

私は低学年では、新出漢字を一日一文字か二文字ずつ指導している。しかし、五年生を担任したときは三文字ずつ進めることにした。配当漢字が多くなるため、一文字や二文字ずつでは、復習の期間が短くなるからである。

しかし、そうなると小テストでは、さかのぼりくり返しの条件である「七日間続ける」という点が難しくなる。一日三文字ずつ進めていて、七日間続けようと思うと二十一問が必要になる。二十一問の小テスト（二十一問でも「小」テストかどうかは疑問だが…）を、毎日続けるのは時間的にかなりの負担となる。

「基礎には時間がかかるもの」と、腹をくくっているとはいうものの、二十一問の小テストはきつい。この他にも毎日新出漢字をやる時間も必要である。

そこで私は、「七日間続ける」ことはあきらめた。そのかわりに、一日の中に習った漢字を思い出す場を、三回増やすことにした。

・昼休み前に連絡帳を書くときに、その日習った漢字も書く。
・帰りの挨拶をする前に漢字係が前に出て、空中書きをする。
・小テストの直前に、前日習った漢字を空中書きする。

三つ目だけは授業時間を使うが、それでもせいぜい三十秒である。この三回で「七日間続ける」

の足りない部分を少しでも補おうと考えたのである。

この五年生を担任する前は、五年間低学年と障害児学級の担任が続いた。久しぶりに高学年を担任して改めて思い知らされたのは、個人差の大きさである。五年生の配当漢字は、さかのぼりくり返しや小テストなどで、時間と手間をかけてていねいにやっていれば、スムーズにはいかないが何とかできる。

しかし、小テストなどで五年生の漢字と組み合わせて四年生までの漢字も出てくる。すると、五年生で習った漢字だけを練習していても、正解に至らないということになる。

もちろん、普段の宿題などでも間違いがある場合は書き直させているが、その程度で四年生までに出てきた漢字の復習が自然にできるとは思えない。本当に子どもの漢字の力を高めようとするのなら、それこそ一年生の漢字からチェックしていく必要があったのかもしれない。

このことは薄々とは感じていたものの、実際に行動に移したのは二学期も後半に入ったころである。漢字係に四年生までの学年ごとの配当漢字表を渡し、問題を作ってもらったのである。

今にして思えば、この「漢字係に問題を作ってもらった」というあたり、まだことの深刻さを理解していなかったといえる。採点を終わってみると、一年生の漢字でもところどころ間違いがあった。このあたりまでは笑っていられたのだが、二年生の問題の結果は、考え込んでしまった。平均で九割程度しか書けていない。三年生の漢字では八割である。

漢字の苦手な子は、二年生の漢字ですでに完全に他の子たちと差がついていた。「親友」を「新友」、「家の門」を「家の問」といった間違いは、言葉と漢字の意味がつながっていないので、これは別の課題としても残る。

新出漢字の段階でおぼえるだけで精一杯なのが現実である。実際には、その漢字を使った熟語も練習しなくては、本当の意味で漢字を指導したことにはならないのかもしれない。読書量の差によるところも大きいだろう。

＊反復練習の意義

ＮＨＫテレビの『クローズアップ現代』という番組で、兵庫県の山口小学校での取り組みが放映された（二〇〇〇年十月三十一日）。読み書き計算を基盤とした学力づくりがテーマであった。簡単に内容について触れておきたい。

兵庫県の朝来町の小学校で、十年間にわたって基礎を重視した取り組みを続けてきた。例えば計算でいうと、一桁の足し算（または引き算、九九）を百個やる「百マス計算」を六年生ではほとんどの子が二分台でやるようになっている。一分台が半分以上いる。このすごさを実感するには、一度担任しているクラスで足し算でも引き算でも「百マス計算」をやらせて、タイムを計ってみるとよいだろう。おそらく、がっかりすることだろう。

高学年であっても思った以上に、一桁の足し算、引き算、九九に時間がかかるのである。苦手な子は、十分を超えるかもしれない。何といっても百個を、最後まで集中して解くことさえできない子もいるのである。

漢字は、熟語を重視し、新出漢字の指導は二学期中に終え、三学期は復習に充てるという徹底ぶりである。

さらに漢字・計算にとどまらず、高学年では、古典の暗誦、世界の国名といったように発展的な内容にも取り組んでいる。これは、学校全体で一貫・継続した基礎学力の実践を行った結果、子どもに集中力・根気といった二次的な成果が出て、時間的にも子どもの能力的にもゆとりが出てきたということもあったようである。

今、学校現場では、総合的な学習と基礎基本をどうするかが大きな話題となっている。総合と基礎基本は、あたかも二律背反のようなイメージさえある。しかし、この山口小学校では、基礎基本の取り組みを徹底した結果、総合的な学習に取り組む基盤ができたのである。これが本筋というものであろう。

私は『クローズアップ現代』放映の二日後に、山口小学校実践の中心的人物である陰山英男氏を含む六人と、神戸市内で鍋を囲んでいた。

陰山氏からのEメールには、「いつも元気陰山学級です」という一文が最後についている。この言葉は御本人のイメージに本当にぴったりである。放映直前のEメールでは、やや疲れが感じられたが、その日はビールの勢いもあったのか、いつもの話し方にもどっていた。よく響く大きな声で、やや早口である。しかし、聞くときはじっと黙って真剣に相手を見つめる。

用事は別件であったが、当然ながら『クローズアップ現代』のことにも話が広がった。あまりのくり下がる割り算についても出た。

「あれは別格」。陰山氏の声が一段と大きくなった。「あまりのくり下がる割り算を徹底して練習すると、百問を一分台でやる子が出てくるんですよ。大人だって速くても三、四分ですよ。それを一分でやるようになると、クラスの雰囲気ががらっと変わってくるんです。これはねえ……」一呼吸おいて強調した。「教材論じゃなくて、大脳生理学の問題！」


他にもいろいろな話をして、その日は別れた。しかし、私の頭の中にはあまりのくり下がる割り算は、子どもを大きく変え、それは大脳生理学の問題だ、と力説する陰山氏の表情が強く焼き付いていた。新神戸から地下鉄で自宅へ帰る途中も、何度もそのことが浮かんできた。

計算練習を単に計算を速くする目的だけでなく、子どもを変えるためにやるという。これは漢字にもあてはまるかもしれない。漢字もおぼえるために練習している間は単なる反復練習だが、これを使いこなす段階まで練習すれば、脳の訓練になるかもしれない。

あまりのくり下がる割り算とは、「24÷9＝2 あまり 6」といった計算のことである。あまりを出すために「24－18」という段階があるため、引き算もすることになる。しかもくり下がりがあるため、一見簡単な計算問題を一問解くのに、頭の中で多くの過程をへることになる。これが脳のトレーニングになるのだという。

岸本裕史氏は、漢字学習の意義の一つに「分析・総合」の能力を鍛えることをあげている（『見える学力、見えない学力』大月書店）。「話」という字を書くには、ゴンベンとか、シタがどんな形かなどがわかり（分析）、それを筆順にそって再編成・再構築する（総合）という力が必要というのである。

これは陰山氏の話と共通する。漢字をくり返し練習することは、まずはその漢字を書くことができるようになるためであるが、その先には、分析・総合の力を鍛えることにつながるのである。

一見、突拍子もないような計算と漢字についての話である。しかし、クラスの子どもを見るとうなずける部分もある。漢字の形の間違い（線が一本多かったり、抜けていたりといった間違い）が多い子は、確かに他の学習の面でも分析の力が弱いように思える。漢字が得意な子は分析・総合に限らず、学力全般に高いことが多い。

やはり、漢字の学習は思考力の基礎トレーニングにもつながるのである。

(2) 問題づくり

＊問題づくりで育つ力

漢字のクイズや漢字検定の本がよく売れているようである。私も、こういったものから子どもに出題することもある。しかし漢字の問題を子ども自身にも作らせることの方を重視している。漢字の問題づくりに、次のようなねらいを持っているからである。

まず、漢字への興味を引き出すためである。字源も反復練習もかなり力を入れているが、どうしてもマンネリ化してくる。そこで、たまに違った角度から漢字に向かうことで、新たな興味と学習への意欲を持ってほしいと思っている。

次に、当然ながら漢字の練習という意味もある。同じ漢字をくり返して書けば練習になる。間違いさがしの問題を作るときは、わざと間違えている部分を作るわけだが、逆に正しい部分も意識することになる。

また、相手への気配り、ということもある。これは漢字の力ではないが、実は問題づくりで育つ力の中で一番重要だと考えている。

最初のうちは、自分だけがおもしろがって、問題の意味がわからないようなものを作る子が結構いる。「これ、どういう意味?」「この問題、できないんじゃない?」といったことを言われているうちに少しずつ問題の出し方、書き方が変わってくる。相手の立場で問題を見直すことができるようになってくるのである。

話は少しそれるが、この「相手の立場になって考える」ということができない子が目につくような気がする。「自分がやりたいからやる」「いやだからやらない」という発想ばかりの子が増えているように思う。

二〇〇〇年、二〇〇一年と成人式の荒れ具合がずいぶんと報道された。はたして最近だけなのか、本当にそんなに多くの場所で騒ぎが起こっていたのかどうか、といったことはあるにしても、テレビを通してみる限り、かなりひどいのは確かであった。

成人式で騒いでいた数人が、テレビに出ていた。騒いでいるときの心境は、「俺たちが盛り上げてやってる」「特別な成人式にしてやったのだから感謝されてもいい」と、本気で思っていたという。同じようなことをした者が逮捕されたり、厳しく批判されたりしているのを知り、やっと自分の一方的な考えが世間では通用しないことに気づいたらしい。

こういったことは、相手の立場になって考える、という思考回路がないために起こるのではないだろうか。そういう私だって、いつも同僚には迷惑をかけてばかりだし、とても立派な大人だとはいえない。しかし、少なくとも「迷惑をかけている」とは思っているつもりである。わざわざ自分から出かけていった成人式で大暴れして、「感謝されてもいい」というのは、あまりに自分勝手で幼いのではないだろうか。

ずいぶん大げさな話になってしまった。こういった思いも含め（？）、相手への気配りの基礎トレーニングとしても、「問題づくり」は使えると思っている。

＊問題のパターンと問題例

子どもが作る問題は、いくつかのパターンができてくる。

①しりとり型—→「問題—題名」のようにしりとりになるように漢字を書いていく。または、進んでいくとゴールに着く。

✣（　　）にことばを入れて、かん字のしりとりをしましょう。

れい（学校）—（校長先生）—（生活）

・（　　）—（　　）—（　　）

②小テスト型—→読みや書き、筆順、部首などをテストのように問うもの。

✣かん字になおしなさい。

1　きょうしつ（　　）

2　こうえん（　　）

③ぬり絵型—→指定された漢字をぬっていくと絵や記号などができるもの。迷路もこれに入る。

✣「田」だけをぬりましょう。

⬇ぬり絵型

田	田	田	田	田	目
田	目	田	由	田	日
田	田	田	田	田	由
田	甲	田	日	田	口
田	田	田	田	田	日
目	口	由	甲	目	日

④間違いさがし型──→漢字の間違えている部分を指摘する。

✣まちがっているかん字はどれでしょう。

1　昼　2　公　3　鳥

⑤部分型──→漢字をばらばらにして組み立て直すもの。

✣くみあわせて、かん字をつくりましょう。

1　十・月・日・十　（　　）

2　口・口・土・⺮　（　　）

むろん、まだまだいくらでもあるだろう。この中で一番使いやすいのは、最初の「しりとり型」のように思う。最初の漢字と、あとは書き方くらいを指定しておけばそれで出来上がりである。

✳問題づくりの進め方

①多くの問題を紹介

いきなり、「漢字の問題をつくりましょう」と言っても、どうしたらよいのかわからない子も出てくるはずである。そこで、過去に担任した子どもが作った問題や、市販されている漢字の本からいくつかのパターンの問題を、問題づくりの前に紹介する。これで、何をしたらよいのかが、ぐっとイメージしやすくなる。その時間の終わりに「今度はみんなに問題を作ってもらいます」と予告しておく。

もちろん、それでもできない子もいる。そんなときは、漢字ドリルの問題を写してもよいことにしている。

②問題を作る準備

次に自分たちで作ってみる。私の場合、用紙を二種類用意していた。

・枠だけのもの　・マス目があるもの

はじめはできるだけ自由にできる方がよいと思って、白紙の紙を渡していた。しかし、いざ印刷するときになると、用紙の端ぎりぎりまで書く子が必ずいて困った。いくら「印刷や切るときに困るから、まわりはあけといて」と言っても変わらない。そこで余白を一、二センチとるために、枠だけをつけることにした。

また子どもたちの様子を見ていると、問題そのものよりもマス目を作ることに時間がかかっている場合がある。しかも子どもによってはそのマス目がふぞろいで見にくい。そこで、今ではマス目がある用紙を私が作っておくことにしている（用紙例参照）。

③問題づくりの決まり

問題を作るときに必ず書くことが三つある。作者名、制作日、解答者の名前欄である。

また、線は必ず定規で引くこと、字はていねいに書くことも毎回確認している。線を手書きした

用 紙 例

(　　　　　　　　　　)

作（　　　　　　　）　月　　　日

り、なぐり書きをしているような問題は、先に書いた「相手への気配り」のない「失礼な問題」だと、私は言っている。

④問題を解く

子どもたちの問題ができたら、それを一度回収する。よく出来ていて、みんなに知ってもらいたい問題は、全員分印刷する。それ以外のものは、無作為に配り直す。すると、だれの問題があたるかわからない。その偶然、配られた問題と全員共通する問題を解く。解いたら、問題制作者に丸つけをしてもらう。

このときに、制作者が「答え、何だったかな」ということが結構ある。「そんな問題を友だちに解かせるのは失礼だ」と、責められることになる。全員分印刷された問題は一人で丸つけをしていては大変なので、制作者に答えを記入してもらい、黒板に貼っておく。

たいてい、一人で何枚も作る子もいるので、一人一枚ずつ配ってもかなりの問題が余っている。早くできた子からそれを取りにくることにする。問題を選ぶときの表情は、まるで買い物をしているかのように楽しそうである。「これ難しそうだなあ」「山本くんの問題はおもしろいから、これにしよう」などと問題をめくりながら話している。

(3) 字源の指導

＊字源とは何か

話の中心が字源になる前に、ここで「字源」という言葉の意味を確認しておきたい。手元の辞典にあたってみることにする。

まずは、私がいつも持ち歩いている電子辞書から。何種類もの辞典が入っているのに、薄くて軽い。使うかどうか分からない辞典を持ち歩く人は、まずいないだろう。しかし、最近の電子辞書なら鞄に入れっぱなしにしておいても気にならない。ちなみに私の電子辞書には、『広辞苑　第五版』が入っている。

この『広辞苑　第五版』では、

〈①個々の文字の起源

②文字、特に漢字の構成原理。「明」が「日」と「月」とから構成されるとする類

③仮名の字体の起源となった漢字。平仮名の「い」の字源を「以」とする類〉とある。

次は、数か月前に購入したばかりの『新潮　現代国語辞典　第二版』である。この辞典は、よくぞここまでと思うほど、出典を載せることに力を注いでいる。「国語辞典の使命に、日本語の記録もある」といったような意見を読んだことがある。この辞典はその点にも大きな比重を持って企画されたに違いない。「序」にもこのことに触れている。ちなみにそのときにいっしょに購入した『岩波国語辞典　第六版』の見出しに「字源」はなかった。

『新潮　現代国語辞典　第二版』には、

〈①文字、特に漢字の、構成要素と構成原理

②仮名などのもとになった漢字。「阿」は「ア」の、「安」は「あ」の字源〉となっている。

最後に、ずっと前から置いてある辞典もたまには開いてやることにしよう。『講談社　国語辞典改訂増補版』である。昭和四十七年発行で『改訂増補版』の「序」の最後は、昭和五十二年となっている。昭和五十二年なら私が十三歳のときだから、中学入学の時にでも買ったのだろうか。セロテープで補修してあったり、表紙がはがれそうになっていたり、とにかく傷んでいる。が、国語辞典であることに変わりはない。

〈一字一字の字体のおこり。かなの場合は、そのもとになった漢字の字体〉としてある。

偶然に手元にあった三種の辞典だが、徐々に表現が簡潔になっているのがおもしろい。三つともそれほど違った定義を行っているわけではない。私もそれほど厳密に意識して使っているわけではないが、「一字一字の字体のおこり」あたりはなかなか簡潔でわかりやすいと思う。ぼろぼろになっても棄てなくてよかった。

ただ、私の場合は、子どもや授業との関わりで「字源」という言葉を使うことが多い。したがって、私自身の中では、「字源」というと先のような意味に加えて、「反復練習とは別の角度からの漢字学習」「うまく与えれば、子どもがとても関心を示す教材」といったイメージを言葉の裏にもって

いることは確かである。

＊「莫」からはじまった私の字源指導

私が字源に興味をもちだしたのは教職七年目のころだったと思う。今が十一年目だからまだそんなにたっていない。伊東信夫氏の講演を聞いたのがはじまりだった。伊東氏は、字源を中心とした漢字指導を続けてこられた方で、『漢字はみんな、カルタで学べる』、『漢字がたのしくなる本』（太郎次郎社）などの著作がある。

このころは、反復練習のみで漢字を定着させることに限界を感じはじめていた時期であった。ちょうどよいタイミングで、漢字の字源についての話を聞くことができたわけである。

特に印象に残ったのは、「莫（バク・ボ）」についての話だった。次のような内容だった。

《「莫」は、もとは「草」である。「草」は、「日」が草の中にある絵で「隠す」という意味がある。だから「墓」は土で死体を隠し、「幕」は布で舞台を隠し、「暮」は日が隠れる。》

「よく知っている字にこんな意味があったんだ」と、衝撃といってもいいほどの強烈なインパクトを受けた。字源を取り入れた授業を組んでみたいと思った。

ところが、そのときは障害児学級を担任しており、字源の授業は無理だった。そこで、担任している子ども（六年生）の交流学級の担任に頼んで、授業をさせてもらうことにした。怠け者の私がそんなことをするなんて自分でも意外であった。

準備の時間はあり、交流学級を借りての授業である。いやがおうでも気合いが入った。授業であんなに緊張したのは、新任の時以来だったろう。

授業自体は失敗もあったが、貴重な経験となった。何といってもその授業が私の字源の学習へのスタートとなった（このときの授業については、拙著『読み書き計算を豊かな学力へ』明治図書を参照いただきたい）。

＊なぜ字源を学ぶのか

私自身がなぜ字源に興味があるかというと、まずはおもしろいからである。小学校にいる間に、千を超える漢字がでてくる。その漢字におもしろい部分があるなら、是非子どもたちにもそのおもしろさを味わってほしい。これが、「なぜ字源を学ぶのか」についての第一番目の答えである。

二番目は、「実用的だから」である。例えば、「福」は示偏で、「複」は衣偏である。大人はおぼえてしまっているから当然のことだが、子どもにとっては難しい。たかが、「点」一つにすぎない。どうしていっしょではいけないのか。

しかし、これはⅢ章で詳述するように、字源を知っていればそんなに難しいことではない。字源を学んだ後はこの小さな「点」が、むしろそれまでよりも目に入ってくるはずである。

字源を学ぶだけで漢字をおぼえられるわけではない。しかし、字源を知るとおぼえやすくなる漢字は多い。字源は実用的である。以上の二点が私が考える字源を学ぶ意義である。

＊思考トレーニングにもなる字源

しかし、実は私の心の中には三つ目の理由がある。実証しにくく、確信は持てないのであげなかったが、日を追うごとにその思いは強くなっている。

などともったいぶらずに書くことにしよう。それは、字源の学習は思考のトレーニングにもつながるのではないかということである。これに近いことは耳にしていた。先にも触れた岸本裕史氏の「漢字の学習は分析・総合の初歩である」という説である（『見える学力、見えない学力』〔改訂版〕一五〇ページ、大月書店）。また、国語教育の濱本純逸氏（神戸大学）も「漢字を手書きすることは思考力を鍛えることにつながるのではないか」ということを書かれている（「教育科学国語教育」五八七号二〇〇〇・三　一一八ページ、明治図書）。

最近までは、漢字学習が「分析・総合」とか「思考力」とかいわれても、ちょっと離れすぎているようでピンとこなかった。しかし、囲碁を学ぶと実生活にも生きるという話を聞いたときに、「これは漢字学習が思考力を高める、というのと同じことではないか」という思いに至った。

私は囲碁については、本当の初心者でルールもおぼつかない。しかし、囲碁の本に出てくる次のような話にはとても興味を引かれる。

「つながると強くなる」「隅だけを小さく守っていては中央を大きく取られる」「手抜き（当面の争点となっているところでなく、あえて他の所に打つこと）は常に三手以内の手」

なるほど、これらは実生活にも応用できそうである。

とはいえ、「さあ、大変な事態を迎えた」となってから囲碁を勉強しだしても、問題が解決するわけではない。囲碁が強くなったからといって、即受験勉強に役立つとも思えない。しかし、長い目で見れば囲碁で学んだことは人生に役立つことも多いはずである。

これほど実生活に近いわけではないが、漢字も偏やつくり、部首などを見て字源を考えていれば、そのたびに思考力を働かせるに違いない。漢字の練習をするときにはっきりと意識しなくても、同じようなことをたどっているはずである。

となると、意味のない線を写したり、ひらがなやカタカナを書いているよりも、漢字を書くときの方が俗にいう「頭を使う」状態に近いはずである。さらに字源を意識しているときは同じ漢字を見たときでも、より多くの情報を頭の中で操作しているに違いない。

ここまでくれば、「分析・総合」や「思考力」の話がまんざらでもないという気がしてきた。ただし、なかなか子どもの事実の中で実証しにくいので、最初の二つの「おもしろい」「実用的」と並べるわけにはいかなかったのである。

＊日常の字源指導

私は、一日に低学年で一～二文字程度、高学年で三文字程度のペースで新出漢字を指導する。指導するといっても「漢字指導の工夫」で書いたように、漢字係にやってもらうことが多いため、私自身は特別なことはしない。

しかし、字源に関しては、押さえておいた方がよいと思うときには口をはさむようにしている。白川静氏の『字統』という辞典をいつも手元に置いていて、それをめくりながら話すこともある。

また、市販のドリルを使っているがそこにも字源が載っている。漢字の宿題は毎日出しており、ノートには字源の絵も書くことにしている。

そのような状態の中で、学期に一回程度は字源を中心にした授業を組むことにしている。この授業では、字源のおもしろさと実用性という点を印象づけたいと考えている。クイズのような展開が多いため、比較的子どもはのってくる場合が多い。

しかし、そのとき授業が盛り上がったかどうかと、本当に子どもが使える知識として定着しているかどうかは別である。「この漢字の字源は一学期に勉強したね。何だった?」などと聞いても、反応がなくてがっかりすることもある。

考えてみれば、当然である。教師にとっては、ずいぶん時間をかけて準備し、そのときはまずまずの授業だったと思って記憶していても、子どもにとっては別である。字源の授業についても、くり返し話題にして定着させていく必要がある。

ただし、いくら字源が大切だといっても、すべての漢字の字源を同じ比重で取り上げる必要はない。むしろ、字源が漢字の学習には直接役立たないものもある。漢字によっては説明を聞いても理解できないようなものも少なくない。そんな字源をおぼえさせようとするのは無理がある。他の字と共通の部分はないか、字の意味とつながる部分はないかを見る程度で十分だろう。

＊字源の授業づくり「五つのパターン」

字源の授業をつくるときに、私はいくつかのパターンで考えていることに気づいた。

①新出漢字から

前述のように私は、新出漢字の指導は、市販のドリルを使って進めている。低学年で一日に一、二文字、高学年で三文字程度のペースである。字源がおもしろければ紹介したり、以前に指導した部分があれば、それとつなげて確認することもある。この確認が意外と重要で、字源であっても何度も機会があるごとに説明しないと、なかなか使える知識としては定着しない。

漢字の宿題と小テストは毎日あるのだが、その中で五人以上間違える字がときどきある。クラスで五人もいるということは、別の機会に書いたり、時間をおいてもう一回やれば、他の子も間違える可能性が高いはずである。

そこで、間違いの多い字については、クラス全体に確認をすることになる。このときにもできるだけ字源とからめて話をするようにしている。「複数の『複』は衣偏」というだけでもおぼえられる子はいるだろうが、それだけでは「衣偏だったかな、示偏だったかな」というときには、勘に頼るしかない。「『複』はもとは、『衣服を重ねる』の意味から来ているから、衣偏だよ」と言えば、中にはこのときの説明で思い出す子もいるだろう。

教室に『字統』を置いているので、それをめくりながら話をすることもよくある。最初のころは「あらかじめ調べておいて、どんな字源の話をするか、考えておこう」などと思っていたが、怠け者の私には続かなかった。

ここに書いたようなことは、「字源の授業」というほどのものではない。しかし、実際には字源についての話をするのはこの新出漢字のときが一番多い。以下は、事前に計画を立てて字源を取り上げるときに私が考えているやり方である。「衛」「示偏と衣偏」「友」の実際の授業については、Ⅲ章に載せている。

②苦手漢字から

子どもがよく間違える漢字も、字源を知っていれば何とかなる場合も多い。そんな字を中心に取り上げて授業を考えることもある。

例えば、「衛」という字は、子どもにとってはややこしい。真ん中の「行」にはさまれている部分「韋」など、わざとではないかと思うほどおぼえにくくできている。

しかし、これも字源は【】であることを知れば、多少はおぼえやすくなる。「衛」は村の周りを回って守っている絵である。「口」は村を示す。村（口）の周りをぐるぐる歩くのだから、「口」の上と下では【】（【】）の向きが違ってくる。そう言われると、「衛」の「行」にはさまれた

「韋」もそんな形になっているではないか！。

③部首から

苦手漢字と同じ発想である。示偏と衣偏もよく間違える。これも字源を理解した上で考えれば、かなりの部分が解決する。

衣偏は当然のことながら「衣」に関係した漢字である。「初」（布を刃物で切って使う）「被」（服をかぶる）といったものになる。

示偏については子どもはあまり知らない。私は子どもたちには、「示偏はお供え物などをのせる台であり、神様に関係のある漢字に使われている」と言っている。「神」はもちろんのこと、「社」（神社）「福」「礼」「祈」とならべれば、はっきりするだろう。

また、よく使われる部首についてはおさえておいて無駄にはならない。たとえば、体の部分は「手」「足」「口」などさまざまな漢字に使われる。

「漢字学習で育つ力」でふれた「右」「左」は「手」＋「口」または「工」でできた漢字である。この漢字などは、見ただけでは「手」が使われていると気づくことはまずない。しかし、一度聞けば、なかなか忘れない字源である。

また「雪」は『手』（ヨ）に持てる雨だから『雪』」と「ヨ」が【ヨ】（手）からきた部分だと分かれば、以後は「ヨ」やそれに似た部首を見ると、「これは手かな」と想像するようになるかもしれない。

④キー漢字から

ある字源を扱うことで、他の漢字の字源にもつながる漢字を展開の中心に置く授業である。後に授業記録を載せるが「友」は「手」を二つ組み合わせた漢字である。この字を授業の中心に据えることで「釘」「打」といった漢字も取り上げることになる。もちろん手偏の漢字は同時に意識されることになる。

「莫」は草の間に日が沈んでいる様子を表した字である。そこから「隠す」といった意味に使われることにもなる。「墓」は「遺体を土に隠した場所」であり、「幕」は「ステージを巾（布）で隠すもの」である。あまり使われない漢字だが「謨」は、「隠れて言う」つまり「はかりごと」という意味になる。

こういう「友」や「莫」のような字を、つながりのキーになる漢字という意味から、私は「キー漢字」と呼んでいる。

ふだんの授業では、なかなか他の字とのつながりをきちんと用意して子どもに示すところまではいかない。せいぜい同じ偏の字をいう程度のことだろう。しかし子どもが意外に思うような漢字が、実はつながりがあることを示したり、おぼえにくい字も関係のある漢字を示すことで、一気に理解が深まり、おぼえるきっかけになることもある。

⑤名前から

障害児学級を担当しているとき、交流していたクラスに「傳田」さんという子がいた。「傳」は「伝」だろうとは思っていたが、何かひっかかるものがあった。そこで、字源を調べてみることにした。つくりの部分は大きな袋にものを入れる形だという。これを固めたものが「團」（「団」）で、それを運ぶことが「傳」ということである。

この傳田さんのクラスでは別の授業をしたので、「傳」は使わなかった。しかし、授業のネタにはなったはずである。

ちょっと珍しい名前の漢字は、子どもたちもそれとなく意識しているはずである。そこを「なるほど」と思わせることができれば、印象も強くなるのではないだろうか。もちろん、よく知っていると思っていた名前の漢字に意外な意味があった、ということでもおもしろい。

実際には、こんなに整然と分けて授業をするわけではない。ただ、このような視点を持っていると、授業を考えるヒントにはなるのではないだろうか。

Ⅲ章——
字源の授業公開

◎ 漢字の筆順のきまり ◎

1 上から下へ
二（一→二）
工（一→丅→工）

2 左から右へ
川（丿→川→川）
例（亻→伢→例）

3 横線が先
十（一→十）
未（二→𡗗→未）

4 縦線が先
上（丨→⺊→上）
由（冂→巾→由）

5 中が先
小（亅→小→小）
楽（白→泊→楽）

6 中があと
火（丶→丷→火）
性（忄→忄→性）

7 左はらいが先
入（ノ→入）
文（亠→ナ→文）

8 つらぬく縦線はあと
中（冂→口→中）
事（亖→事→事）

9 つらぬく横線はあと
女（く→女→女）
子（ㄱ→了→子）

10 横線と左はらい
横線が先（左・友・反）
はらいが先（右・有・布）

11 外から内へ（間・国）

12 「にょう」の筆順
さきに書く 走
あとに書く 辶・廴

1　「友」（二年生）の授業

「友」は二年生で習う漢字である。この漢字は字源の学習の材料として私が気に入っているものの一つである。

その理由は、字源が【】という両手の絵からできているからである。この点については、以下の授業記録で出てくる子どもたちの解釈を読めば、わかっていただけると思う。

また、漢字の中では、手を字源とするものは意外と多い。もちろん、手偏はすぐに思い浮かぶが「又」や「右」「左」にも「手」が字源として含まれている。「友」はこの「意外と『手』は使われている」ということを理解するにはよい教材ではないだろうか。

＊「釘」の読み方は？

「釘」と黒板に書く。

「読み方を知っている人はいませんか？」

一人もいない。

「では、どう読むか予想してください」

いつも積極的に発表する芦田くんが、すぐに手をあげた。

「ぎん」

「どうして？」

「左に『金』がついてるから」

予想外にいきなり、字を見ての答えが返ってきた。もっと、めちゃくちゃな思いつきの答えが返ってくると思っていた。

「ちゃんと、考えてるねえ。他の人どうかな？」

「はり。かね（金）でできてるもので、横が針の形に似てるから」

金岡くんが答えた。まじめだが、ユニークなものの見方ができる子である。自分の名前が「かなおか」なので、金を「きん」ではなく、「かね」と読んだのだろう。漢字の考え方としては、正解である。驚いた。あとは、「かね」「かぎ」という意見も出た。

おもしろかったのは、斉藤さんの「緊張」である。

「左側が金で『きん』、右側が何丁目の丁だから『ちょう』。あわせてきんちょう（緊張）」。こういうふうに作られた漢字を私は思いつかないが、ユニークな発想である。

「釘」を見せるなり、次々と出てきた意見として上出来である。字源の【釒个】をみせ、「右側の【个】の形で考えてください」というヒントで、まもなく正解が出た。

＊「打」を読む

【】（手）でつながりのある二つの漢字を扱った。【】（打）を黒板に書く。

「まず、左側の部分ですが、これは手の絵だったんだね。右側はさっきの【】です」

今回は、私が言い終わるかどうかというときに、手がいくつかあがった。

「かなづち」（なかなかいいなあ）

「くぎをぬく」（おしい！　打つの反対だ）

「くぎにチョップ」。こう答えたのは、いつもふざけてばかりの佐川くんである。「チョップ」というのも、うけをねらった表現だろうが、意味としては「打」なのだから、ほぼ正解である。

これもすぐに正解が出た。「もっと、問題出して」とせがむ声が上がった。

＊【】

次はいよいよ、二年生の新出漢字の「友」である。【】を黒板に書く。

待ちきれないように、手があがる。

「両手」「持つ」

字源を見れば、まずこれらが出るのは当然である。

「そう。この絵からいくと、そう考えなきゃね。他には？」

「さわる」「おいで」「ほしがる」「もらう」といった意見が続けて出た（この「友」の話は、高学年でも何回かやっている。どうも低学年の方が、発想が豊かなような気がする）。自由に発言させているだけだが、徐々に答えに近いものが出てきた。

「だきつく」「つなぐ」「あく手」

手の意味としては、こういったことになるだろうか。しかし、ちょっと「友」までは、いきそうになかったのでヒントを出した。

黒板に書いてある、子どもたちの意見を指さしながら、

「相手は誰？」と聞いた。

今度は、列で指名していくことにした。最初の男の子は思いつかなかった。次は国方さんである。少し、首を傾げていたが「赤ちゃん」。はっきり言った。両手をさしのべるといえば、やはり赤ちゃんが思い浮かぶ。

「犬」「人」「ねこ」「ざりがに」という意見も出た。

ちょっと、ずれてきたか、と思っていると、「おかあさん」と言った女の子がいた。

言葉数は少ないが、音読や発表のときはしっかりとした声を出す和田さんである。彼女はお手伝いが好きで、おかあさんといっしょにやったことを日記によく書いている。「おかあさん」が出たなら近い。

途端に、続けて三人が、「友だち」と答えた。

意見も出つくしたようである。「最後に出た、『友』が正解です」。答えた子が歓声をあげた。「そう思ってた」といっていっしょに声をあげている男の子もいる。「チョップ」の佐川くんである。「本当かよ」とつっこまれて、むきになっている。

クラスでは、「右」も「左」も【ヌ】との組み合わせでできていて、腕にあたる長い部分が、書き順ではあとになるという原則もすでに教えている。友は【ヌ】が二つ並んでいるだけなので、書き順までわかることになる。

この後、いつも使っているドリルで「友」の練習をして、小テストを行った。この流れは普段と同じである。いつも不思議だったのは、練習したばかりの新出漢字を間違える子が、毎回いることである。きっと機械的に手を動かしているだけで、漢字に対する意識は薄いまま作業を進めているのではないだろうか。

しかし、今回は、この字源がわかりやすかったのだろう（と思いたい）。はじめて、一人も間違えなかった。逆にいうと、普段は習った直後に小テストをしても、誰かが間違っていたわけである。

ちなみに、「釘」は常用漢字外で、「打」は三年生の配当漢字である。私は、配当学年以外の漢字も積極的に使うようにしている。子どもにとっては、自分よりも上の学年の漢字を習うということは、意欲の出ることのようである。

2　「示偏と衣偏」（五年生）の授業

＊授業参観で

五年生になって最初の授業参観は、漢字の授業にした。一年間、漢字にこだわっていくことになるだろうし、保護者にも私の漢字に対する考え方（字源こそ漢字の本質的なおもしろさ、漢字にはつながりがあるなど）を少しでもわかってもらえたら、と思ったからである。

この日は、新出漢字の学習の仕方も見てもらうため、いつものように市販のドリルでの練習からはじめた。このころは、一度に二文字ずつ進めいていた。字は、「容」と「常」である。ちょうど授業参観の日に「容」と「常」になるように、進度を調節しておいた。

黒板に、この二つの文字を大きく書いた。

「今日は、『容』と『常』ですね。まず、『容』からです」

以前はいきなり空中書き（一般には「空書き」と呼ばれているようであるが、私はこの呼び方を使い慣れている）からはじめていた。法則化の本でドリルを指でなぞるところからはじめているのを読んでからは、それをまねしている。本当は書き順の基本ができていれば、形をみればそんなに書き順が難しいことはないはずだが、それはあくまで理想の話。実際には、それまでの漢字が身についていない子はかなりいるわけだし、ドリルの漢字をなぞることからはじめるのが確かに親切だろう。

「ドリルをなぞります。さん、はいっ」

次は、空中書き（顔の前あたりで指を動かす練習）である。私は、子どもの方を向いているため裏返しの字を書くことになる。授業参観でこの裏返しの字をやると、たいてい保護者から「ほーっ」という声が出る。別に期待しているわけではないが、今回も何人かの声が聞こえた。

「次は、ちょっと速く！　さん、はいっ」

この「さん、はいっ！」の速さで、その後の速さも決まってくる。

普段は、鉛筆でドリルに練習する前に三回くらい練習する。ドリルのなぞりと、ふつうの空中書きはほとんどの場合行う。たまに、画数のかなり少ない、易しいと思われる字は、これで終わるときもある。三回目は、テンポを速くしたり、目をつむったりして書く。ときには、一列ごとに立たせて、座っている子の方に向いて空中書きをさせるといった、変化をつけることもある。この日は、テンポを速くしたわけである。

これからが今日のメインである。漢字のつながりを強調することと、偏を考える学習である。

黒板の「常」を指しながら言う。

「『常』の『巾』を使っている字、他にも知ってるかな？」

授業参観のためか、ちょっと雰囲気がまだ固い。それでも、勉強全般がよくできる池田くんが最初に手をあげた。

『希望』の『希』

うなずきながら、希を常の下に書く。希は四年生で習った漢字である。

「まだ、あるけど知らないかなあ？」

布もあるのだが、これは習っていない。あきらめて私が書こうとすると、稲本さんがつぶやいた。

「布もそうじゃないかなあ……」

「よく知ってたねえ」。感心しながら、希の下に書いた。

常、希、布を順に指しながら、

「漢字はつながりがあります。この三つは、巾という部分でつながっているので、意味もつながっています」とゆっくり話した。

字源の授業を組み立てるときは、たいていここで子どもに考える時間を与える。しかし、今日の巾は、ちょっと難しい。字源の学習用に準備したのではなく、ドリルで出てきた漢字をそのままの順番で使っている。子どもに字源を考えさせるのに向いた字と、そうでない字があるのは仕方ない。説明を続けた。

『巾』には、『きれ』という意味があるそうです。『布』だね。『希』は布のすかし織りが透けているところから、少ないといった意味になるようです」

次は、「容」である。

「じゃあ、今度は『容』です。下に『谷』があります。このクラスに名前に谷を使った字がある人がいます。だれでしょう」

「ぼくだ」と岡田裕也くんがさっと手をあげた。穏やかだが、しっかりした子である。

「他にはいませんか」。もう一人、下田裕樹くんがいるので待った。いつも、はやりの曲を口ずさんでいる。ところが、下田くんが反応しない。待ちきれずに、

「下田くんは違うの？」と問いかけると、

「え、ぼく？　あっ、そうそう」と笑いを誘った。少しずつ雰囲気がなごんできた。

「じゃあ、二人の『裕』の衣偏のつく漢字は何かな？」

だれからともなく、「初」という声が出た。四年生でならっている。

「『初』は『衣』と『刀』だから、布を刀で初めて切るとき、といった意味でしょうか。それでは、次は……」と一息、間をあけて言った。「衣偏のつく六年生の漢字です！」

＊六年生の漢字を考える

すでに書いているが、上の学年の漢字を扱うことは子どもにとって、意欲がわくことらしい。私は、字源の学習の時は意図的に当該学年以外の漢字も入れることが多い。その方が授業の組み立ての可能性が広がるし、子どももものってくることが多い。

「補」を黒板に書く。ここで、「これはどんな意味でしょう」と問う場合もある。今回は先に用意していた字源の絵を見せた。

「これが昔の字です。右側の【】はどんな意味なんでしょう」

「これ、井戸かなあ」

「あみから蝿がとんでくとこ」

「ふすまから光がさしている」

どれもなかなかおもしろいが、答えにはずいぶん遠い。ヒントを出すことにした。

「真ん中のは、蝿でも光でもなく、木の苗です」

「ああ！」と大きな声を上げて五十嵐くんが手をあげた。

「あの、木の周りの支えてる棒みたいなの」

「正解です。中庭にもあるでしょう。木の周りを囲むようにして支えているもの」と私が説明すると、「あっ、そうか」「そう言われたら、そう見えるなー」と子どもたちはうなずく。

「つまり、苗木を守る、ということから、大切にする、欠けているところを補う、といった意味も生まれました」

だれかが「だから『補欠』の『補』に使ってるのか」と、私が言おうとしたことを先に言ってくれた。

「この勉強もっとやりたいな」。さっき、補のつくりの【】をあてた五十嵐くんが、気をよくしたのか笑顔でそう言った。

＊示偏の意味は、ダイエーのセール？

私はうなずいて続けた。

「それでは、もう少しやりましょう。衣偏は『衣』の意味ですよね。じゃあ、みんながよく間違える示偏はどんな意味でしょう。これがわかれば、これから間違いが減るはずです」とはいっても、いきなりわかるはずもない。

「漢字はつながりがあるんでしたね。では、示偏のつく漢字を並べてみて、それに共通する意味があれば、それが示偏の意味のはずでしょう？　では、示偏のつく漢字を知っているだけノートに書きましょう」

「教科書、見ていい？」

「いいですよ」と、教科書、ドリル、辞典、何を使ってもいいことを確認する。

「習ってない字もいいの？」

「見つけられたらすごいね」

子どもが言う字を黒板に書いていく。「社・福・祈・礼・祝」と並んでいく。

数分して、聞いてみることにした。

「では、示偏の意味は何でしょう？」

最初は、普段は言葉数の少ない岸本さんが手をあげた。黒板の漢字を見ながら、ゆっくりと「うれしい」という。「祝・福」といったあたりを見たのだろう。

「なるほど、これはわかるね」と言うと、他の子もうなずいている。

「自分からする」と言ったのは高山さんである。いつもよく考えて発表する子なので、「祝う」「祈る」といった行為から連想したようである。

保護者にまでうけたのは、皆吉くんの「ダイエーのセールで見た気がする」という意見だった。前のシーズンでプロ野球のダイエーホークスが優勝し、スーパーのダイエーでは、セールをやっていた。たしかに『祝』ホークス優勝」「ご声援御『礼』」といった字が、いたるところに貼られていた。「示」は、神を祭る祭卓の形であることを説明して、授業を終えた。

3　「衛」（五年生）の授業

＊【】の意味は？
「衛」の字源【】を黒板に貼る。裏にマグネットのシートをつけてあるので、黒板につくようになっている。子どもたちはすでに、「なんだ、あれ？」「足跡だ」などとささやき合っている。
「さあ、これは今、どんな意味の字になっているでしょう」

運動の得意な金本くんがすぐに声をあげた。

「先生、黒いの足でしょ」

「そうです。これは、足跡ですね」

そう言いながら、用意していた【】と【】のカードをはった。

最初に、手をあげたのは飯田くんだった。いつもにこにこしている。

「まわっている様子」

見たまま素直に読み取るとそうなる。そして、これがかなり正解にせまっている。しかし、悟られないように平然と「なるほど、そんな感じもしますね」とうなずく。

次は、下田くんである。とても素直で子どもらしいが、漢字は苦手である。漢字といっても今日は別様である。

「ライオンがえさをかこんでいる」

好意的な笑いが起こった。発想が他の子たちとは違っていたのだろう。それに、「今は、どんな意味の字になっているでしょう」に「ライオンがえさをかこんでいる」は、ちょっと無理がある。にもかかわらず、そう言われるとそんなふうにも見える。

字源の学習では、漢字の書き取りテストの点数がよい子が活躍するとは限らない。書き取りテストの点数とはほとんど関係なく、ユニークな発想ができるかどうかを重視している。

何千年も前の字のことを話し合っているのである。だれが合ってて、だれが間違っているかなんて、確実なことはいえない。漢字の研究者だって説が分かれている場合もある。「もしかしたら、君たちの考えたことが大発見かも知れないよ」とよく言っている。

下田くんの発言で一気に場がリラックスした。

「ぼんおどり」という安田くんの意見には、「なるほど」という声がいくつもあがり、それにつられるように次々と手があがった。

「あなをよけている」「風がまっている」「食事している」「走っている」「洗濯機」

これには、「おい、この時代に洗濯機あったのかよ」とつっこみが入る。

「風車」「追いかけっこ」

そして、最初に質問をした金本くんが、はっとしたように手をあげて、黒板の字を指さしながらそっと言った。

「見張り番?」

もう、ここらあたりでいいだろう。あまりしつこくやると、だれてきたり、ふざけた意見を出すようになりかねない。

「今は、こんな字になっています」

と「衛」を書いた。

「人工衛星の衛だ」とだれかが言った。

「そうです。この漢字は真ん中の口が村という意味で、その周りをぐるぐる回って守っているという意味です。人工衛星は地球の周りを回っていますね」

「じゃあ、ぼくの近かった？」と、金本くんがすぐに大きな声で尋ねた。

「そうですね。『見張り番』は、ほとんど正解ですね。飯田くんの『まわっている様子』というのも、実はけっこういい線をいってたわけです」

＊【】を使う字

「では次は足を使う字です。知っているのもあったはずですね」と、【】のカードを指しながら言う。
この絵が足の意味を指していることはもう教えてある。新出漢字の学習のたびに字源を確認しているので、【】がよく使われていることも知っている。
一つの漢字や字源を学んだときに、できるだけ他の漢字とのつながりも指導したいと考えている。部首やつくりの同じ漢字をちょっと付け加えたり、形が似ていて間違えやすい字を指摘したりといったこともできるだけしている。特に、時間をとって字源の学習をするときは、つながりをくり返し強調している。つながりを意識することで漢字を見る目が少しずつ変わってくる。それが、漢字への興味を引きだし、漢字の力を高めることを期待している。
「次は、これです」と、カード（【】）を黒板に貼りつける。「足の下に線がありますね。何でしょう？」

『止』だったかな」、男の子が思い出すように言った。

【】を使う字については何度か授業で触れている。しかし、教師の思いを、すべての子どもが同じくらい記憶していることはそうはない。字源の学習に取り組みだしたころは、「もう教えたのに！」「何度やったらいいんだ！」などと憤慨していたこともあった。

今は、逆に忘れているのがあたり前と思っているので、「よく、おぼえてくれたなあ」と感じることの方が多い。その方が精神衛生上、お互いのためにもよいだろう。

その後、【】(正)、【】(出)、【】(歩)のカードを出して漢字を確認していく。基本的には、【】が止に変わることがわかっていれば、予想ができる漢字だろう。

そこで、最後の二枚を見せることにした。

＊【】と【】の意味を予想する

「さあ、それでは最後ですよ。六年生で習う字ですが、みんなは漢字をつながりから予想できることがわかっていますから、わかるかもしれませんよ」ともったいぶりながら、【】を黒板に貼った。
「段？」と西山くんが首をひねりながら言った。
私は【】を指しながら、「そうです。この偏の部分は段の意味です。さあ、段と【】が二つひっくりかえっているのは、どういう意味なんでしょうね」

「軽いは？」と安田くんが確かめるように答えた。

「どうしてかな」と尋ねると、

「【】がふわふわ落ちてる感じがする」と笑いながら答えた。なるほど、そう言われてみると何となく、ただよっている。

ちょっと、次の予想が出そうにない雰囲気になってきた。最後の一枚を出すことにした。【】をはる。【】の向きが反対になっている。

「これは、見てわかるように【】と反対の意味です。これは、かなり難しい字で大人でもほとんどの人は知らない漢字です」。やや大げさなそぶりで言った。

「えー、大学生でも」という声に「まあ、まず知らないだろうな」と答える。「東大の人でも」「博士でも」などと、調子にのっていろいろ言っている。

「まあ、東大生でも博士でも、漢字の専門家か特にくわしい人じゃないと知らないだろうね。でもみんなは、漢字をつながりから予想することができるんだから、知らない漢字でもわかるはず」

稲本さんが手をあげた。男の子の勢いが強いクラスであるが、しっかりと自分の意見を言える子である。

「段と歩くだから、『のぼる』だと思います」

「ほー」「なるほど」という声が聞こえた。

「正解です。こんな字です」と「陟《ちょく》」という字を書きながら答えた。

「では、反対の意味のこれは？」と【】をさす。

今度は、あちこちで「おりる」と言っている。「そうですね」と「降」を書く。

「降」を見せると「ほんとだ、足がふたつある」と旁の形に気づく子がいた。

「みんなは、習ってない漢字でもつながりから考えて、予想することができましたね。これからも知らない漢字をみたら、知っている漢字を使って予想してみてください。形が似ているのがあったら、つながりを考えてみてください。きっと今までよりも漢字を見るのがおもしろくなりますよ」と、この授業を終えた。

＊授業後の感想から

・いろいろな漢字をよく見たら、昔の漢字を予想できそうでした。（岸本）

・こんな昔の漢字があったなんて知らなかった。昔の漢字はむずかしいけど、おもしろい。毎日したいくらいおもしろい。（福永）

・ひとつひとつの【】や【】には、意味があることがわかってきたので、昔の字はかんたんそうです。（池田）

・【】のつく漢字は全部でいくつあるんだろう。（西村）

・私は、【】は衛だと途中でわかった。漢字は一つずつがちがう考えをもってできているのですごいなと思った。（岡部）

・ぼくは、最初全然わからなかった。思った答えも全然ちがったりしておもしろかった。（西山）

4　授業に使える字源

漢字の授業で使えるような字源を中心とした、ちょっとした漢字の「ネタ」を紹介しよう。本格的に字源の授業を目指す場合は、ここに出ている漢字を参考にして、展開を練ることもできるだろう。「そこまでは、ちょっと」という方は、授業の合間にでも、このネタをそのまま使って、子どもに話をしていただければと思う。

クイズ形式にして出題すれば、きっと大喜びで子どもたちは考えてくれるだろう。そこに出てくる子どもたちの答えは実に多様なはずである。中には「（辞典の解説よりも）子どもの予想の方が説得力があるな」という場合もあるかもしれない。辞典を絶対視せず、「その答え、おもしろいね」「このクラスでは、田中くんのいってくれたことを使って、この字をおぼえることにしよう」といった、できるだけ子どもの姿勢を認める方向で対応していきたいと私は考えている。

これらは、漢字のつながりということを意識して整理してみたものである。こういった話題を何度か出すうちに、きっと子どもたちの漢字を見る目が変わってくるはずである。

1 心を隠して、ほのかに「慕」う

「莫」【】という字は、草の間に日が沈んでいる様子を表したものである。そこから「隠れる」といったような意味に転じ、他の字を組み合わせて作られた字も多い。まず、「暮」である。これは、もちろん「日が隠れる」ことからくる。では、「幕」はどうだろうか。「巾（布）で舞台を隠すもの」ということになる。「漠」は、「水が隠れている（無い）ところ」、「墓」は、「土で遺体を隠しているところ」といったように考えるとつながってくる。「慕」は、「心を隠してほのかに思う」といったことになるだろうか。確認できていないのだが、麻雀の「もうぱい（指先で牌をさぐること）」とは、「摸」牌、つまり「隠れて手を使って牌を読む」ということだろうか。

莫…暮、幕、漠、墓、慕

2 飾りの多い女は…

「女」【】に乳首を加えた字が「母」【】だが、「母」がかんざしをするとどんな字になるだろうか。正解は「毎」【】である。祭事などに際し、髪をかざって用事にいそしむというところからできたようである。それが転じて、「いつも」「つねに」といった意味に派生したのだろう。

【】の絵は、「毎」とほどんど同じだが、かんざしが多い。そうなると字は「毒」になる。とい

っても「毒」の元の意味は、「てあつい」といったところらしい。

女…母、毎、毒

3「子」を探せ！

少子化が言われる現在でなくても、昔から「子」【】は大切にされてきた。それだけに、漢字にもよく使われている。「学」「孝」「字」といったような字は見た目に「子」が入っている。それ以外にも、「包」【】「娩」【】「流」【】「棄」【】「保」【】「育」【】と、見ただけではわからない使われ方もしている。

子…学、孝、字、包、娩、流、棄、保、育

4手に持てる雨は？

「手」という体の部分も、日々の生活にとても重要な働きをしているので、字によく出てくる。もちろん、「打」「拾」「押」「指」といった手偏を使った字がまずある。「右」【】「左」【】も「手」が使われている。「尋」【】は、「右」と「左」を組み合わせた字で、神に祈り、その所在を問う行為をさした字である。「友」【】は「手」を二つ組み合わせた漢字である。「反」【】

は、聖所のあるがけ【】に手をかけてのぼっていく、反逆的な行為ということからきた。「祭」【】は肉を持って神にそなえる。【】は手に持てる雨、つまり「雪」を表している。

> 手…右、左、尋、友、反、祭、雪

5「衛」をおぼえる方法

私は小学校で「衛」を習ったとき、「なぜ、こんなおぼえにくい字になっているんだろう」と不思議に思っていた。真ん中の「口」の上下にある部分は、なんと中途半端でおぼえにくい形になっていることか。しかし字源を理解すると、この奇怪な部分もそれらしく見えてくるから、おかしなものである。

「衛」の字源は【】で、「巡回して守る」である。【】は当然足の裏の絵である。【】が【】に変化したとわかれば、私が小学生のころに持った疑問も解ける。「足」も「手」と同様に、体の大切な部分だけによく使われている。「止」【】「出」【】「正」【】「歩」【】「麦」【】は麦踏みから「足」の部分「夂」がついているらしい。「降」【】には例の【】が「降」りている様子が描かれている。あまり使われることはないが、反対の字源で「のぼる」という意味の「陟」【】という字もある。「舞」【】の下の部分も「足」が並んでいる絵である。

足…衛、止、出、正、歩、麦、降、陟、舞

６　人が何人で「衆」？

「衆」の下も子どもが間違えることが多い部分の一つである。線が一本少なかったり、多かったりする。「衆」の字源は、【】であり、下の部分は人が三人並んでいる様子である。元は二画の「人」なので、合計で六画ということになる。これで少なくとも、「衆」の下の部分が奇数であるのはおかしいことは確認できるだろう。「比」【】「化」【】「死」【】「兄」【】「身」【】にも「人」が含まれている。

人…衆、比、化、死、兄、身

７　毛皮の毛がある方が「表」

「裏」も子どもがよく間違える字である。これは「裏」が、「衣」【】と「里」【】の組み合わせであることを理解すれば、一気におぼえやすくなる。まず、「表」【】は、「衣」と「毛」でできている。「衣」をなべぶたと下の部分に分けて、その間に「毛」を入れた字である。つまり、毛皮の「表」ということである。「裏」は、「り」という発音から「里」を組み合わせたようである【】。「表」と同じようにして作ると、これは現在の「裏」がそのまま出来上がる。

衣…表、裏

8 隠れている動物は何？

「牢」に「牛」、「然」に「犬」があるのはすぐにわかる。では、「美」に使われている動物は何だろう。そう思って見ると簡単に見つかるだろう。「羊」である。「大」も「羊」の後脚を表し、「美」で羊全体を表したらしい。「美」【】は、神に捧げる羊の犠牲をほめる意味だったという。「義」もそこからつながり、「善」は勝利者を「善」しとすることからきているという。「群」は「羊」が、群れることからきた。

「為」【】は「象」【】を「手」を使って使役している絵。「鳥」は隹《ふるとり》に形を変えて、「集」などに使われている。

動物…牢、然、半、美、義、群、為、集

9 愛は真心、恋は下心

「『愛』という字は真心で、『恋』という字にゃ下心～」というような歌詞を聞いたことがあった。

確かに、「愛」と「恋」では「心」のありどころ（?）が違っている。

「心」のありどころで、字が変わってくる例をもう一つ。「忘」「忙」である。私は、「忙しい」という言葉をできるだけ使わないようにしている。「心（りっしんべん）が、な（亡）い」とまでは思いたくないからである。しかし、「しまった、『忘』れてた！」とは毎日のように言っている。

心…愛、恋、忘、忙、悪、意

10「主」よ！　そこにいたまえ！

「主」は「しゅ」、「住」は「じゅう」、「柱」・「注」・「駐」・「註」は「ちゅう」と発音が似ているが、「主」の働きはそれだけではない。字を見比べているとどれも「じっとしている」「集中する」といったような意味が感じられないだろうか。

主…住、柱、注、駐、註

資料編

▼学年別プリントワーク▲

このワークは、次のような構成になっている。

1　漢字力調査テスト
2　書き取り練習用（読み・書き）
3　字源
4　マス塗り
5　迷路・しりとり
6　その他

多様な形式になっているのは、私の漢字学習についての考えの表れでもある。簡単に説明を加えておきたい。

1　漢字力調査テスト

年度はじめに前学年までの漢字がどの程度定着しているかを判断するために作った（そのため六年生の配当漢字を使った問題はない）。「かんじ1」が一年生の漢字である。四年生であれば、「かんじ1」から「かんじ3」までをやることになる。そうすることで、どの学年の漢字からつまずきが増えているかがわかる。

採点をできるだけ短時間にすませるために、各学年二十問に統一し、どの問題も一文字だけを採点の対象としている。問題は、私が担任してきた子どもの傾向と二つの資料（『小学生の新漢字の力〜一九八〇年と一九九五年の調査結果の比較から』文溪堂・『生きる力が育つ漢字の学習〜小学校学年別配当漢字の習得状況に関する調査研究』日本教材文化研究財団）を参考にして、間違いが多い漢字を選んだ。ただし、二十問すべてを間違いが多い漢字にするよりも、やさしい漢字も入れておいた方が、子どもの実態がよりわかるのではないかとも考えている。そこで各学年のはじめの五問は、配当漢字の中でもやさしいと思われる漢字を出題している。

2　書き取り練習用（読み・書き）

「漢字力調査テスト」で子どもの実態がつかめたら、そこからがスタートである。予想以上に前学年までの漢字が定着していないという場合もあるだろう。そんなときに使えるようにと作ったのがこの問題である。年度末に漢字の復習として行うこともできるだろう。本来ならば、各学年の配当漢字のすべてを問題として出すべきだろうが、あまり量が多くなりすぎると、手をつけるのがためらわれるということにもなりかねない。そこで、ここでは一枚におさめている。必要があれば、同じような問題を作って本格的にやり直しに取り組んでいただければと思う。

読みと書きに全く同じ問題を使っている。読みを書きの問題をやった後の自己採点の答えに使うことができる。読みを書きの前に行うこともあるかもしれない。多様な取り組み方の可能性を広げる手だてとなればと思う。

3　字源

本文でも書いたように、私は字源こそが漢字の本質的なおもしろさと考えている。この本質的なおもしろさを感じるためには、一定の知識も必要となる。そのために作ったのがこのワークである。このワークを一通りやることで、字源への関心が引き出せればと願って作った。

原則として、配当学年の漢字を取り上げているが、前学年までの漢字を扱っている場合もある。例えば、六年生の問題には、「表」（三年）・「衣」（四年）・「初」（四年）・「墓」（五年）といった漢字も入っている。実際の問題を見ていただければ、なぜこれらの漢字をあえて入れているかを理解していただけると思う。「裏」という六年生で習う漢字は、「表」「衣」の字源を知ってこそ、本当に理解できるのである。

4　マス塗り　5　迷路・しりとり　6　その他

漢字を使った様々な問題を紹介している。漢字を字源とは違った角度から楽しむことができる。さらに本文で紹介している問題づくりを行うときに前もってやっておくと、子どもが発想を広げる手助けとなるだろう。枠のみの用紙は本文中（六七ページ）に載せている。問題づくりをする際に、用紙の一つとして準備しておけば、無駄な時間を減らし漢字を扱う時間を増やすことができる。

※ワークの各ページに、一応該当学年を記入しているが、子どもの漢字の力の実態を知るために、例えば六年生なら、五年生から一年生までのワークも解くというように、下の学年の問題にも、是非とも取り組ませてほしい。

ねん　くみ　なまえ(　　　　　　　　　)

かんじ〈1〉

★――のところを　かんじに　なおしましょう。

1 やま

2 ほん

3 め

4 おうさま

5 いぬ

6 みみ

7 あかい

8 くさ

9 ひゃくにん

10 あめ

11 しょうがくせい

12 てんき

13 あお

14 せんせい

15 かいをひろう

16 いと

17 みぎ

18 むし

19 こうちょうせんせい

20 きもちがいい

年　組　名前(　　　　)

◀ かんじ〈2〉▶

★――のところを　かん字に　なおしましょう。

1 あのことをいう
2 ひろいへや
3 さんかいめ
4 すくない
5 からだ
6 さんかく
7 きしゃにのる
8 きいろ
9 くろ
10 ばしょ

11 たべる
12 ゆき
13 ふねにのる
14 せんをひく
15 じめん
16 かぜ
17 にちようび
18 とおい
19 うた
20 おとうと

＊漢字力調査テスト

年　組　名前(　　　　　)

かんじ〈3〉

★——のところを 漢字に 直しましょう。

1 あんしん
2 ぜんぶ
3 うつ
4 こおり
5 たいらにする
6 びょういん
7 さむい
8 はしをわたる
9 こうふく
10 かつ
11 かぞく
12 てつでできている
13 はこ
14 としょかん
15 だいいっかい
16 のうぎょう
17 あそぶ
18 たび
19 かんじる
20 かいだん

年　組　名前(　　　　　)

かんじ〈4〉

★——のところを　漢字に　直しましょう。

1 げきのいしょう
2 けっせき
3 しんじる
4 つたえる
5 つまとおっと
6 はたをあげる
7 こくごじてん
8 しゅくじつ
9 まどがわのせき
10 そくたつ

11 うみのそこ
12 せんきょ
13 つみき
14 ほうたい
15 はくぶつかん
16 まんいんでんしゃ
17 さんりんしゃ
18 ほっきょく
19 かもつれっしゃ
20 だいせいこう

年　組　名前(　　　　　　)

かんじ〈5〉

★――のところを 漢字に 直しましょう。

1 ひさしぶり
2 ささえる
3 したをかむ
4 ほけん
5 おうえん
6 じっさいにやる
7 せいせき
8 ふくすう
9 えんそう
10 えいがのけん

11 たがやす
12 てきせつなしょち
13 ぼうふうう
14 てぶくろをあむ
15 あずける
16 たいど
17 いきおい
18 かまえる
19 えいせいほうそう
20 じょうむいん

ねん　くみ　なまえ(　　　　　　　　　　)

★――のところを　かんじに　なおしましょう。

1 そらにおおきなつきがみえるよ
2 みみをすませてごらん、あめのおとがきこえるよ
3 あかやあおのはなびがくるまのなかからみえたよ
4 しょうがっこうのせんせいにやすむことをいっておいて！
5 もりのむこうにゆうひがしずむ
6 たんぼのつちで、てもあしもどろどろだ
7 ひゃくえんだまがいっつとせんえんさつよんまいがおいてあった
8 おとこのこもおんなのこも、やまやかわでいっぱいあそんだ
9 ろくねんせいから、なまえをきかれたよ
10 くさのあいだから、しろいいぬがでてきてびっくりした

年　組　　　名前（　　　　　　）

★――のところを　かん字に　なおしましょう。

1 ずこうのじかんに、えんそくのえをかいたんだ

2 こんしゅうのきんようびは、ようがあるからあそべないよ

3 はるなつあきふゆ、あめのひもかぜのひもまいあさはしった

4 こくごのきょうかしょをよんでごらん

5 えんちょうせんせいにあったら、おとうとやいもうとのことをきかれたよ

6 おんがくで、あたらしいうたをならった

7 ごごからさんすうがあるよ

8 うまのなきごえが、ひがしのほうでした

9 みせでさかなをかってたべた

10 よるには、ゆきもやんでほしがみえた

年　組　　　名前(　　　　　　　)

★――のところを　漢字に　直しましょう。

1 はいしゃさんにみてもらったからあんしんだ

2 うんどうかいはしょうぶがもつれた

3 たいようがぎらぎらとてってあついひだった

4 びょういんでみどりいろののみぐすりをもらった

5 あそんでないでべんきょうしとくんだったとテストのあとでまたおもった

6 のうそんのおまつりでおさけをくばってるらしいぞ

7 とうきゅうがすばらしいのでだいだがでてきた

8 くるしいれんしゅうもたくさんして、すいえいがうまくなった

9 しょうぼうしょのひとから、かいだんでのじこについてきいた

10 かんじのもんだいはおわりのほうがむずかしかった

年　組　　　名前（　　　　　　）

★――のところを　漢字に　直しましょう。

1 ねつがあって、いちょうもぐあいがあまりよくない

2 じゅんばんに、おいわいのしなをわたしていった

3 ざいりょうによいものをえらんであるから、えいようもまんてんだ

4 あいてもつよいがせっきょくてきにたたかおう

5 このきかいのしゃりんはすごいよ

6 ろうどうしゃのけんこうにきをつける

7 きよらかなみずがながれるのをみつづけていた

8 れいせいなふりをしても、しぜんとよろこびがかおにでてしまう

9 どりょくのけっかがとくてんにでた

10 きゅうじょたいのひとたちにとっても、めずらしいけいけんらしい

年　　組　　　　　名前(　　　　　　　　　)

★――のところを　漢字に　直しましょう。

1 ふくざつなけいろで、はんにんはにげたらしい

2 かさいのげんいんをちょうさする

3 まずしくてもゆたかでも、ゆめはもっていたい

4 しゃざいをうけいれることにさんせいだ

5 なぜこんなにぼうえきがくがふえたのか、ふかかいだ

6 こうぎのないようは、じんこうのげんしょうについてだった

7 あのふたりはぎゃくのせいかくだから、うまくいっているのかな

8 はんけつは、じこのせきにんについてふれた

9 おうふくのけんをかったほうが、ぜったいとくだよ

10 ぎじゅつのすいじゅんが、すごいいきおいであがってる

年　組　名前（　　　）

★――のところを　漢字に　直しましょう。

1 そうじゅうせきから、けいさつしょがみえた

2 うちゅうからみれば、どんなおしろもちっぽけなものだ

3 みんしゅうから、そんけいされるないかくがたんじょうした

4 はげしいひなんをあびても、わたしのほうしんはかわらない

5 ゆうしょうチームのしゅしょうに、じゅんきんのカップがわたされた

6 きびしいきりつにしたがうことも、すこしずつなれていった

7 かいだんをおりたところには、ほうせきがかくされていた

8 そのわかいおとこに、しきしゃがつとまるのかとみんながうたがった

9 むねのきずが、いつまでもいたんだ

10 げきがおわると、こうふんしたファンがやくしゃのなをおおごえでよんだ

ねん　くみ　なまえ(　　　　　　　)

★――のかんじに　よみがなを　つけましょう。

1 空に大きな月が見えるよ

2 耳をすませてごらん、雨の音がきこえるよ

3 赤や青の花火が車の中から見えたよ

4 小学校の先生に休むことをいっておいて！

5 森のむこうに夕日がしずむ

6 田んぼの土で、手も足もどろどろだ

7 百円玉が五つと千円さつ四まいがおいてあった

8 男の子も女の子も、山や川でいっぱいあそんだ

9 六年生から、名まえをきかれたよ

10 草のあいだから、白い犬が出てきてびっくりした

年　組　　名前(　　　　　　　)

★——のかん字に　よみがなを　つけましょう。

1 図工の時間に、遠足の絵をかいたんだ

2 今週の金曜日は、用があるからあそべないよ

3 春夏秋冬、雨の日も風の日も毎朝走った

4 国語の教科書を読んでごらん

5 園長先生に会ったら、弟や妹のことを聞かれたよ

6 音楽で、新しい歌をならった

7 午後から算数があるよ

8 馬の鳴き声が、東の方でした

9 店で魚を買って食べた

10 夜には、雪もやんで星が見えた

年　組　　名前(　　　　　　)

★――の漢字に　よみがなを　つけましょう。

1 歯医者さんにみてもらったから安心だ

2 運動会は勝負がもつれた

3 太陽がぎらぎらとてって暑い日だった

4 病院で緑色の飲み薬をもらった

5 遊んでないで勉強しとくんだったとテストの後でまた思った

6 農村のお祭でお酒を配ってるらしいぞ

7 投球がすばらしいので代打が出てきた

8 苦しい練習もたくさんして、水泳がうまくなった

9 消ぼうしょの人から、階だんでの事故についてきいた

10 漢字の問題は終わりの方がむずかしかった

年　組　　　　名前(　　　　　　　　　　)

★――の漢字に　よみがなを　つけましょう。

1 熱があって、胃腸もぐあいがあまりよくない

2 順番に、お祝いの品をわたしていった

3 材料に良いものを選んであるから、栄養も満点だ

4 相手も強いが積極的に戦おう

5 この機械の車輪はすごいよ

6 労働者の健康に気をつける

7 清らかな水が流れるのを見続けていた

8 冷静なふりをしても、自然と喜びが顔に出てしまう

9 努力の結果が得点に出た

10 救助隊の人達にとっても、めずらしいけいけん《》らしい

年　組　　名前（　　　　　　　）

★——の漢字に　よみがなを　つけましょう。

1 複雑な経路で、犯人はにげたらしい

2 火災の原因を調査する

3 貧しくても豊かでも、夢は持っていたい

4 謝罪を受け入れることに賛成だ

5 なぜこんなに貿易額が増えたのか、不可解だ

6 講義の内容は、人口の減少についてだった

7 あの二人は逆の性格だから、うまくいっているのかな

8 判決は、事故の責任についてふれた

9 往復の券を買った方が、絶対得だよ

10 技術の水準が、すごい勢いで上がってる

年　組　　名前（　　　　　　）

★――の漢字に　よみがなを　つけましょう。

1 操縦席から、警察署が見えた

2 宇宙から見れば、どんなお城もちっぽけなものだ

3 民衆から、尊敬される内閣が誕生した

4 激しい批難を浴びても、私の方針は変わらない

5 優勝チームの主将に、純金のカップがわたされた

6 厳しい規律に従うことも、少しずつ慣れていった

7 階段を降りたところには、宝石がかくされていた

8 その若い男に、指揮者が務まるのかとみんなが疑った

9 胸の傷が、いつまでも痛んだ

10 劇が終わると、興奮したファンが役者の名を大声で呼んだ

ねん　　くみ　　なまえ(　　　　　　　　　)

★どのかんじを　あらわしているでしょう。
したの［　　］からえらんで □ にかきましょう。

1
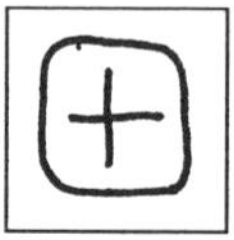

2

3
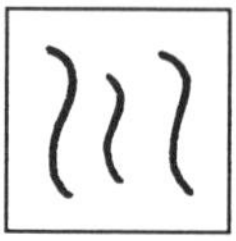

4

5

6
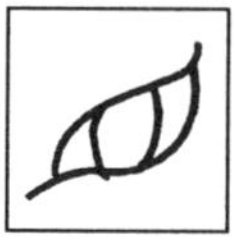

7

8

9

10

左　川　火　右　天　大　山　田　赤　目

年　　組　　　　なまえ(　　　　　　　　)

★どのかん字を　あらわしているでしょう。

下の［　］からえらんで□に書きましょう。

1

↓

2

↓

3

↓

4

↓

5

↓

6

↓

7

↓

8

↓

9

↓

10

↓

回　星　分　馬　半　羽　鳥　止　牛　魚

年　組　　名前(　　　　　　)

★どの漢字を　あらわしているでしょう。

下の［　］からえらんで□に書きましょう。

1

↓
□

2

↓
□

3

↓
□

4
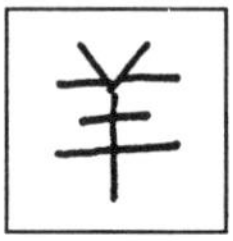
↓
□

5

↓
□

6

↓
□

7

↓
□

8

↓
□

9

↓
□

10

↓
□

有　羊　反　美　筆　去　君　育　取　流

年　　組　　　　　　名前(　　　　　　　　)

★どの漢字を　あらわしているでしょう。
下の［　　］からえらんで［　］に書きましょう。

1

↓

2

↓

3

↓

4

↓

5

↓

6

↓

7

↓

8

↓

9

↓

10

↓

末　各　包　果　夫　老　好　徒　未　競

年　　組　　　　　名前(　　　　　　　　)

★どの漢字を　あらわしているでしょう。

下の［　　］からえらんで □ に書きましょう。

1

↓ □

2

↓ □

3

↓ □

4

↓ □

5

↓ □

6

↓ □

7

↓ □

8

↓ □

9

↓ □

10

↓ □

祖　志　女　損　神　貧　母　祝　毒　性

年　　組　　　　　　名前(　　　　　　　　　)

★どの漢字を　あらわしているでしょう。
下の［　　］からえらんで□に書きましょう。

1

↓
□

2

↓
□

3

↓
□

4

↓
□

5

↓
□

6

↓
□

7

↓
□

8

↓
□

9

↓
□

10

↓
□

補　衣　墓　草　裏　背　幕　表　初　骨

ねん　　くみ　　なまえ(　　　　　　　　)

日	目	目	目	白	目	日	目	百
日	目	日	白	百	目	百	目	日
目	百	白	日	目	百	目	百	日
百	白	白	白	白	白	白	白	百
目	白	百	日	目	百	日	白	日
百	白	目	日	百	日	日	白	百
日	白	白	白	白	白	白	白	目
目	白	百	目	百	目	日	白	百
百	白	目	日	目	百	日	白	目
目	白	白	白	白	白	白	白	百

★ひょうの中《なか》から「白《しろ》」の字《じ》を見《み》つけてぬってみよう。どんな字《じ》になるかな。にている字《じ》ばかりだから気《き》をつけてね。

年　　組　　　　　名前（　　　　　　　　）

門	図	聞	回	門	回	聞	図	門
図	間	国	間	国	間	国	国	図
回	図	図	門	間	門	門	図	聞
門	門	聞	回	間	回	聞	図	門
聞	図	門	図	国	間	国	間	図
回	門	間	回	間	回	門	聞	門
回	門	国	図	間	聞	回	図	聞
門	国	間	国	間	間	国	間	回
聞	図	聞	回	門	聞	図	回	聞
図	回	門	聞	図	門	聞	門	図

★ひょうの中から「間」と「国」の字を見つけてぬってみよう。「正」しくできたら、字が見えるよ。

年　　組　　　　　名前(　　　　　　　　)

悪	医	育	飲	横	化	界	階	漢	起
究	水	宮	橋	局	苦	係	決	水	庫
水	葉	氷	祭	祭	祭	祭	氷	葉	水
幸	氷	根	仕	泳	泳	始	詩	氷	持
写	祭	守	受	氷	氷	終	住	祭	所
昭	祭	章	氷	水	水	氷	植	祭	神
進	氷	泳	昔	水	水	送	泳	氷	速
水	葉	氷	祭	氷	氷	祭	氷	葉	水
打	水	代	炭	着	丁	追	笛	水	都
豆	登	童	配	畑	坂	悲	筆	秒	負

★下の□に入る漢字を上からさがしてぬってみよう。字が見えるよ。

春になると草木は緑の□《は》を出すよ

夏はプールで□《およ》ぐんだ

秋にはお□《まつり》があるよ

冬は水が□《こおり》になるよ

年　組　　　名前(　　　　　　　)

博	協	特	議	約	満	械	札	階
積	衛	健	径	粉	泣	梅	続	駅
径	億	得	候	徒	結	材	特	銀
位	種	積	径	借	折	訓	清	極
特	折	種	径	衛	何	特	説	治
粉	課	協	徒	得	徒	種	協	粉
紀	給	粉	種	積	信	得	径	積
法	浴	漁	折	博	積	徒	衛	伝
機	松	折	試	径	種	得	低	徒
冷	協	標	浅	博	側	仲	徒	衛

★「働」「付」のように「亻」のつく漢字をぬってみよう。ことばが出るよ。「彳」や「禾」なんかもあるからまちがえないでね。

年　　組　　　　　名前(　　　　　　　　　)

績	復	績	職	責	複	積	複		
積	責	積	復	織	責	複	責		
職	績	職	績	積	職	績	復		
積	織	責	復	織	複	責	積		
復	績	復	職	責	織	積	複	責	織
責	織	積	織	績	復	職	織	複	責
		複	責	積	責	織	積	責	績
		責	織	復	職	績	積	復	織
		織	複	積	織	複	職	積	複
		複	責	職	復	績	責	織	責

★下の□に漢字を書きましょう。その漢字を上の表の中から見つけてぬりましょう。ことばが出ます。ほめられます。

1　やったぁー！　成□《せき》が上がったぞ

2　□《しょく》員室に来なさい

3　バス代は往□《ふく》で480円だよ

年　　組　　　　　名前(　　　　　　　　　)

遺	宇	廷	灰	閣	株	看	机	疑
供	勤	系	劇	危	穴	憲	厳	呼
孝	降	刻	困	裏	砂	冊	至	姿
私	危	針	異	誠	異	針	危	私
詞	尺	若	収	宗	徒	熟	処	除
仁	垂	異	寸	宣	泉	異	染	窓
操	誠	存	宅	段	値	宙	誠	忠
裏	庁	痛	拝	俳	否	並	片	裏
党	届	忘	枚	密	訳	幼	乱	臨

★下の□に漢字を書きましょう。その漢字を上の表の中から見つけてぬりましょう。文字が出てきます。

1 □《き》機一髪

2 公平無□《し》

3 表□《り》一体

4 □《せい》心□《せい》意 (同じ漢字が入ります)

5 □《い》口同音

6 □《しん》小棒大

ねん　　くみ　　なまえ(　　　　　　　　　)

★ただしいほうへすすみましょう。

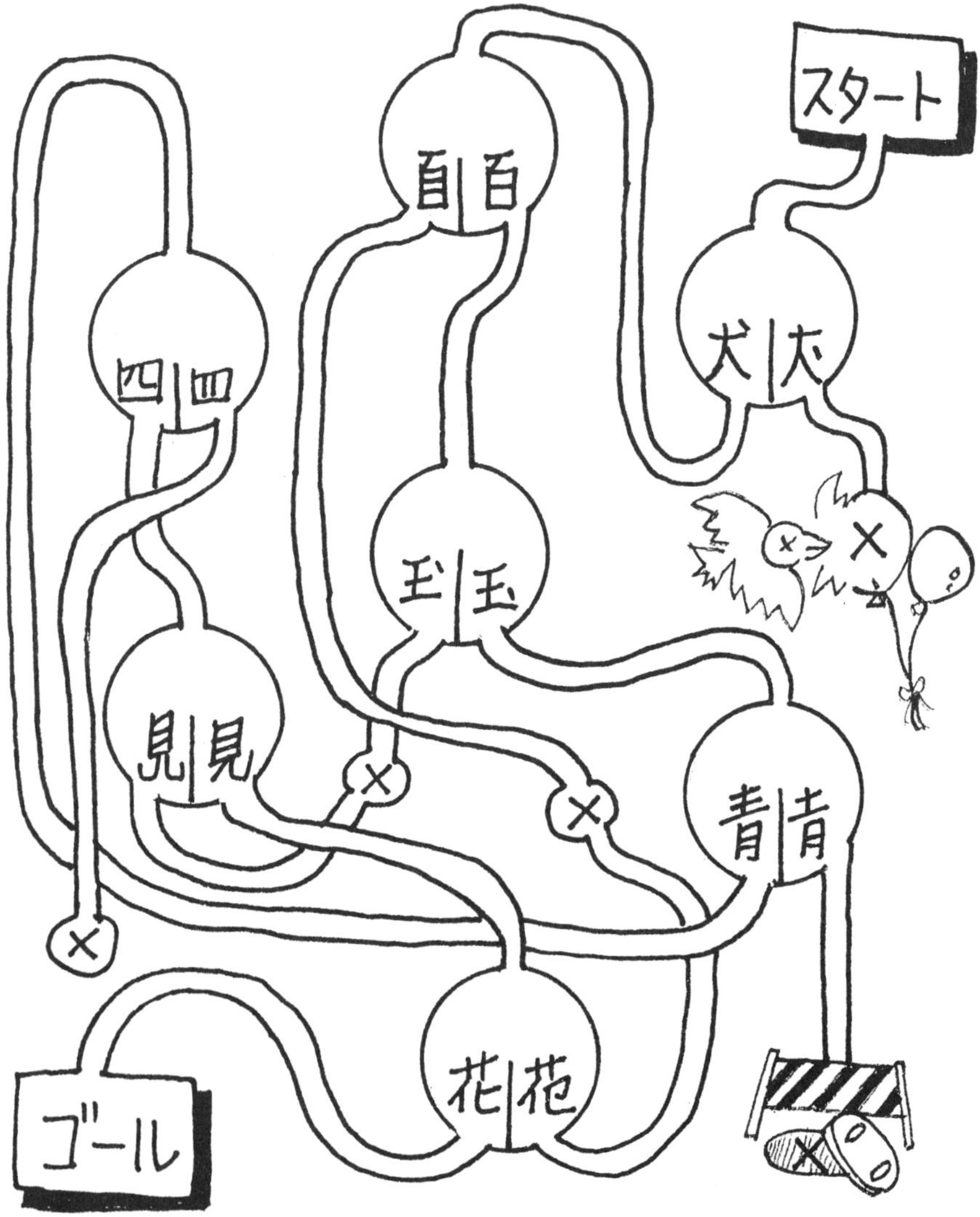

年　組　　　名前(　　　　　　　)

★正しい方へすすみましょう。

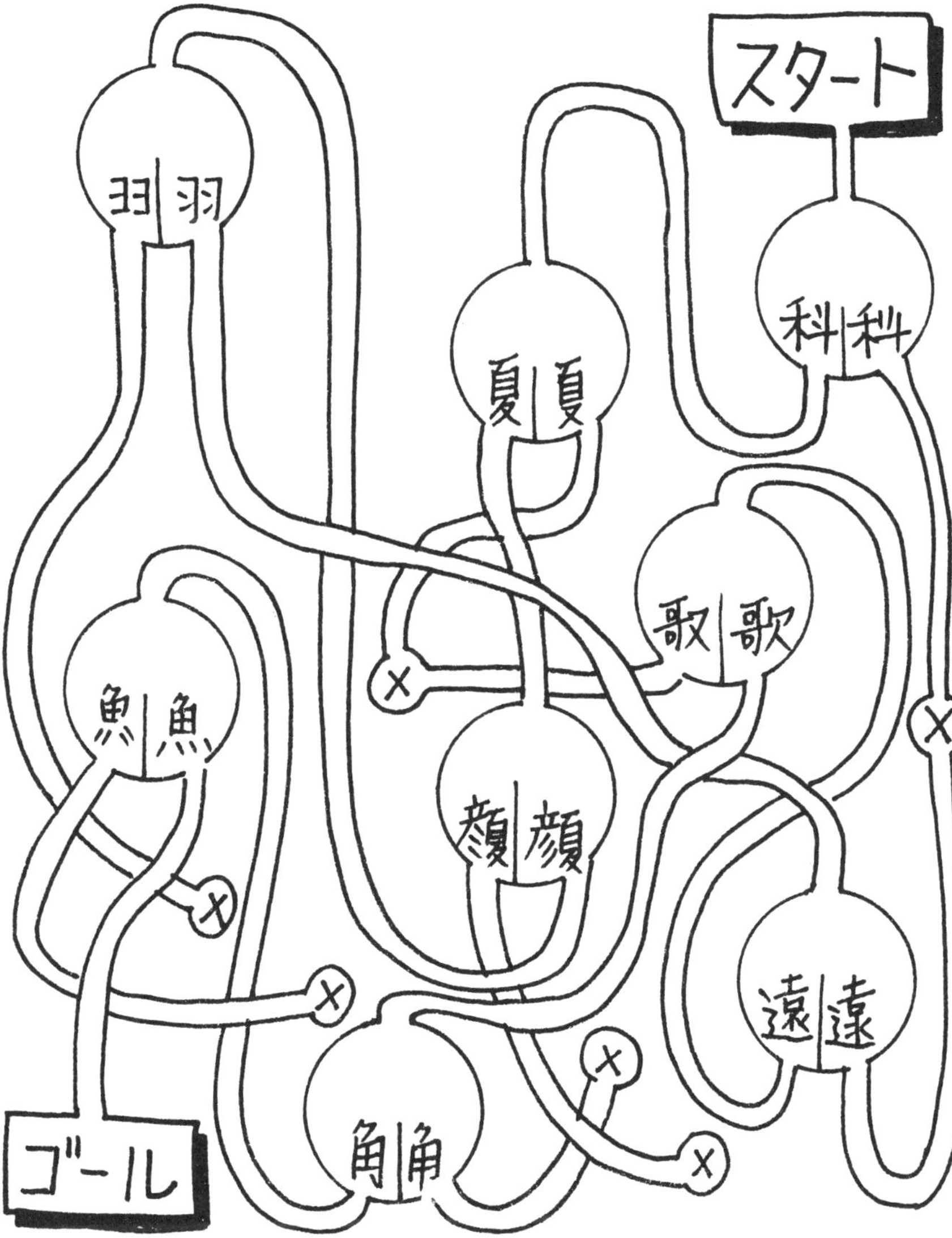

年　　組　　　　　　名前(　　　　　　　　)

★正しいときは○の方へ、まちがっているときは×の方へ進みましょう。

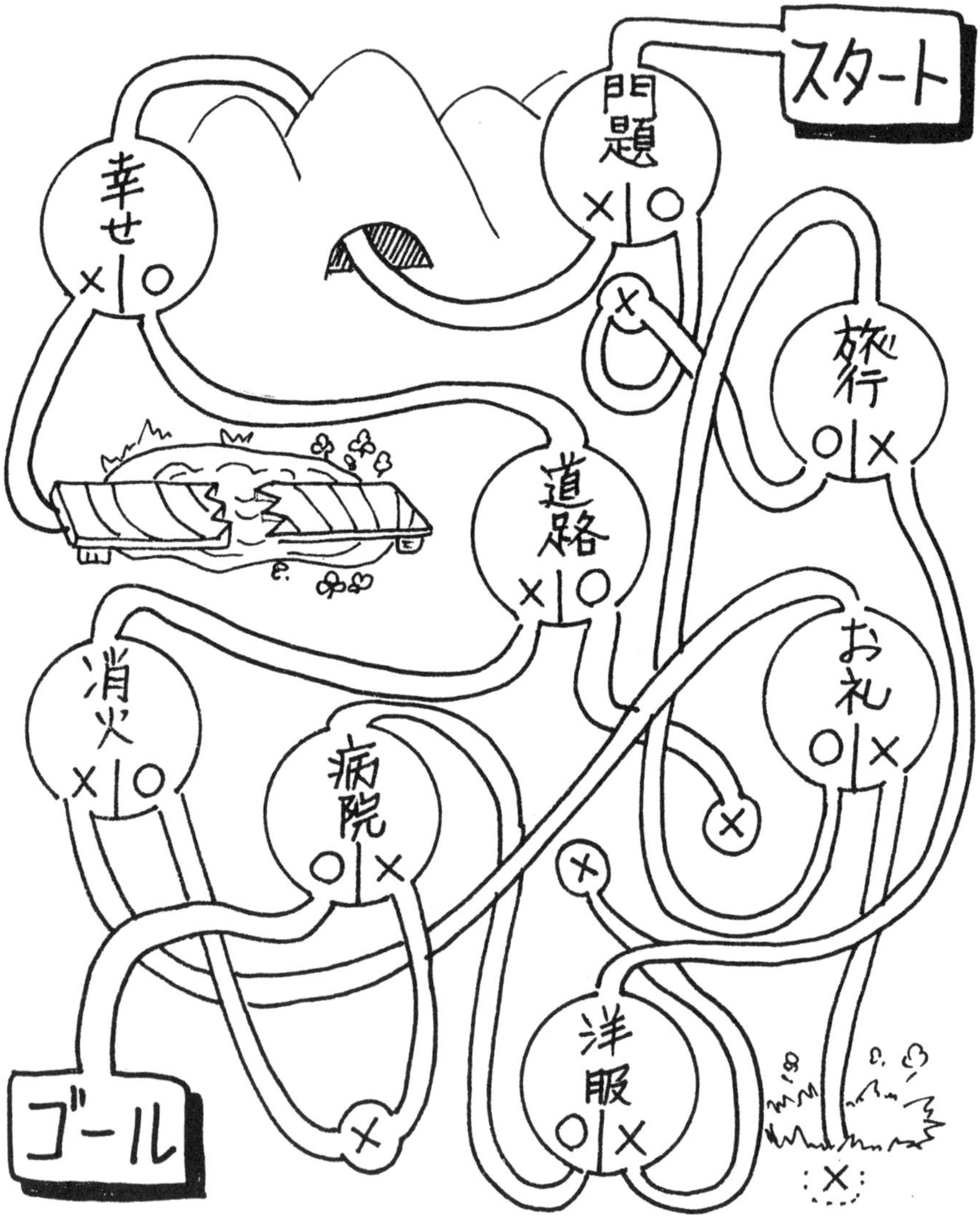

年　組　　　名前(　　　　　　　)

			貨			

★例のように、漢字をつなげてマスをうめていきましょう。いくつ、書けるかな？　教科書や辞書を見てもいいよ。

〈例〉

	所		
急←	↓特→	技	
	↓別	↘大→	大
		↓人	
		↓気	

○進む方向に矢印（→）をつけましょう。

○たて・横・ななめのどの方向でも進めます。

○３文字以上の言葉でもかまいません（大人気など）。

年　組　　　　名前(　　　　　　　)

				団				

★例のように、漢字をつなげてマスをうめていきましょう。いくつ、書けるかな？　教科書や辞書を見てもいいよ。

〈例〉

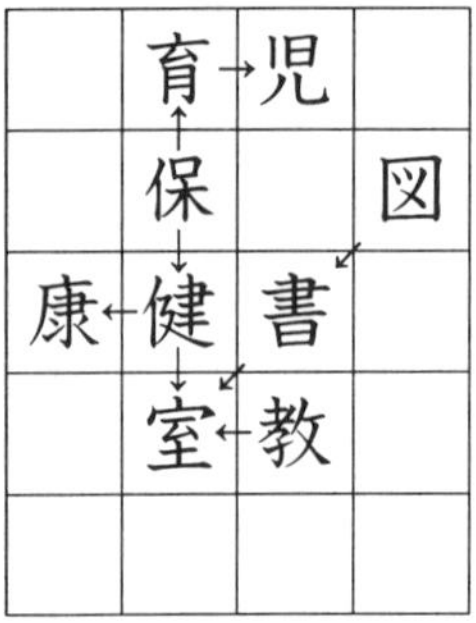

○ 進む方向に矢印（→）をつけましょう。

○ たて・横・ななめのどの方向でも進めます。

○ 3文字以上の言葉でもかまいません（保健室、図書室など）。

年　組　名前（　　　　　　）

★漢字のしりとりをしましょう。
続かなくなったら後ろの［　］から選んでまたスタートしましょう。

例（秘書）→（書道）→（道路）＊→（劇場）→（場外）→（外国）→

※続かない。字を選んで再スタート。

［拡　劇　危］

教科書や辞典を見てもいいよ。ゴールまでいくかな。

スタート→（激　）→（　）→（　）→（　）→（　）→
（　）→（　）→（　）→（　）→（　）→
（　）→（　）→（　）→（　）→（　）→
（　）→（　）→（　）→（　）→（　）→
（　）→（　）→（　）→（　）→ゴール！

［純　善　優　宝］

ねん　くみ　なまえ（　　　　　　）

一　どんなかんじができるでしょう。

① ナ ＋ 口 ＝

② 一 ＋ 巾 ＋ ⺍ ＝

③ 一 ＋ ノ ＋ 日 ＝

二　かくれてみえないところがあります。わかるかな。

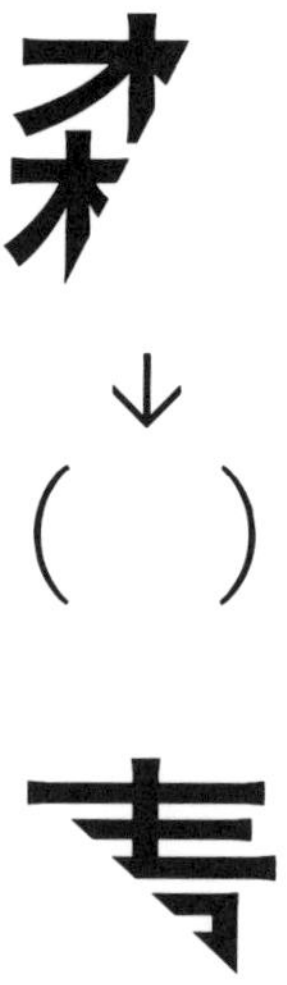

（　　）

（　　）

三　あれれ　かんじがのびてしまいました。どんなじでしょう。

（　　　　）

年　組　　名前(　　　　　)

一　かん字の計算をしましょう。

① 雨 ＋ 日 ＋ し ＝

② ノ ＋ 米 ＋ 田 ＝

③ 立 ＋ 木 ＋ 見 ＝

二　かくれて見えないところがあります。わかるかな。

↓

(　　)

↓

(　　)

三　あれれ　かん字がのびてしまいました。どんな字でしょう。

(　　　)

年　　組　　　　名前（　　　　　　）

一　次の漢字にはたりないところがあります。赤で書きくわえて正しい字に直しましょう。

①鉄　②進　③係　④祭

三　□の中のものを組み合わせて漢字を作りましょう。

ネ　木　丁　禾
才　し　少　反

←□□□□

二　かくれて見えないところがあります。どんな字でしょう。

↓

（　　）

↓

（　　）

四　何と書いてあるのでしょう。

（　　　）

年　組　　名前(　　　　)

一　次の漢字には足りないところがあります。赤で書き加えて正しい字に直しましょう。

① 喜　② 挙　③ 然　④ 脈

二　[　] の中のものを組み合わせて漢字を作りましょう。ただし、使わないものも入っています。

[木 女 宀 シ] → □

[し 一 四 十 イ 目] → □

三　[　] から漢字を選んで、□に新しい漢字を作りましょう。

[川 魚 口 走 鳥 言] → 亻□　氵□　彳□

四　何と書いてあるのでしょう。

(　　　)

年　組　　名前（　　　　　）

一　正しい字に〇をつけましょう。

額（　）

解（　）

群（　）

築（　）

暴（　）

二　ばらばらになっている字をもとにもどしましょう。

↓

（　　）

↓

（　　）

三　[　]の中の漢字を組み合わせて言葉を作りましょう。

[業 衛 禁 復 句 往 防 職]

←

四　何と書いてあるでしょう。

（　　　）

年　組　名前（　　　　　）

一　正しい字に○をつけましょう。

筋（　）　済（　）　樹（　）　奮（　）　臨（　）

二　ばらばらになっている字をもとにもどしましょう。二字あります。

↓

（　　）
（　　）

三　[　]の中の漢字を組み合わせて言葉を作りましょう。使わない字もあります。

棒純密宇
尺宙警縮

←

四　何と書いてあるでしょう。

（　　　　）

【プリントワーク答え】

・漢字力調査テスト

1　①山　②本　③目　④王　⑤犬　⑥耳　⑦赤　⑧草　⑨百　⑩雨　⑪学　⑫天　⑬青　⑭先　⑮貝　⑯糸　⑰右　⑱虫
⑲校　⑳気

2　①言　②広　③回　④少　⑤体　⑥角　⑦汽　⑧黄　⑨黒　⑩場　⑪食　⑫雪　⑬船　⑭線　⑮地　⑯風　⑰曜　⑱遠
⑲歌　⑳弟

3　①安　②全　③打　④氷　⑤平　⑥院　⑦寒　⑧橋　⑨幸　⑩勝　⑪族　⑫鉄　⑬箱　⑭館　⑮第　⑯農　⑰遊　⑱旅
⑲感　⑳階

4　①衣　②欠　③信　④伝　⑤夫　⑥旗　⑦辞　⑧祝　⑨側　⑩達　⑪底　⑫挙　⑬積　⑭帯　⑮博　⑯満　⑰輪　⑱極
⑲貨　⑳功

5　①久　②支　③舌　④保　⑤応　⑥際　⑦績　⑧複　⑨演　⑩券　⑪耕　⑫適　⑬暴　⑭編　⑮預　⑯態　⑰勢　⑱構
⑲衛　⑳務

・漢字書き取り練習用の各学年の〈書き〉は〈読み〉が、〈読み〉は〈書き〉が答え

・字源

1年　①田　②山　③川　④火　⑤赤　⑥目　⑦大　⑧天　⑨右　⑩左

2年　①回 ②止 ③星 ④羽 ⑤分 ⑥牛 ⑦半 ⑧鳥 ⑨魚 ⑩馬
3年　①去 ②育 ③流 ④羊 ⑤美 ⑥反 ⑦有 ⑧君 ⑨筆 ⑩取
4年　①末 ②未 ③果 ④好 ⑤包 ⑥各 ⑦徒 ⑧競 ⑨夫 ⑩老
5年　①志 ②性 ③女 ④母 ⑤毒 ⑥貧 ⑦損 ⑧神 ⑨祝 ⑩祖
6年　①背 ②骨 ③草 ④墓 ⑤幕 ⑥衣 ⑦表 ⑧裏 ⑨初 ⑩補

・マス塗り

1年―「白」　2年―「正」　3年―「四」、マスは葉、泳、祭、氷　4年―「ヘン」　5年―「ヨーシ」、マスは績、職、復　6年―「六」、マスは ①危 ②私 ③裏 ④誠 ⑤異 ⑥針

・その他

1年　一 ①右 ②雨 ③百　二 森、青　三 花火
2年　一 ①電 ②番 ③親　二 線、新　三 色紙
3年　一 ①鉄 ②進 ③係 ④祭　二 勉、農　三 秒、礼、打、板（4年生なら札も）　四 開始
4年　一 ①喜 ②挙 ③然 ④脈　二 案、安（汝、宋なども）、置、値、直など　三 信　漁　徒　四 機械
5年　一 正しい字は、額と築　二 興　雑　三 職業　往復　防衛　禁句　四 貿易
6年　一 正しい字は、樹と臨　二 厳　幕　三 宇宙　警棒　縮尺　四 操縦
（1、2年の三と3～6年の四は、下の方から見るとわかりやすいでしょう。）

・迷路、しりとりは省略

《参考文献》

漢字の実践を進める参考に、あるいは本書を書くにあたり多くの著書を参考にさせて頂いた。一口に漢字と言っても多岐にわたるため、ここでは読者の参考になりやすいと思われる、字源に関するものと、ワークに関するものに限定して、あげさせていただく。

1　字源に関するもの

白川静『字統』平凡社
白川静『字通』平凡社

『字通』は白川氏の研究の集大成である。しかし、いかんせん重い（約三キロ）。そこで、私は、『字通』の字源部分の土台となっている『字統』の普及版を教室に置き、『字通』は自宅で使うようにしている。高価だが価値のある辞書である。

白川氏の著書は多い。しかし、私のような専門家以外の者にとっては、やや難解である。字源に関しては、阿辻哲次氏の著書がその点ではわかりやすい。以下、代表的なものをあげておく。

阿辻哲次『図説　漢字の歴史』大修館書店
阿辻哲次『漢字学「説文解字」の世界』東海大学出版会
阿辻哲次『漢字のベクトル』ちくまライブラリー

阿辻哲次『漢字のなりたち物語』講談社ことばの新書
阿辻哲次『漢字の字源』講談社現代新書

2 ワークに関するもの

馬場雄二『漢字遊びハンドブック』仮説社
馬場雄二『漢字の宝島』仮説社
近野十志夫『漢字あそびファックス資料集』小学校1・2年生 民衆社
同 3・4年生 民衆社
同 5・6年生 民衆社
栗岩英雄『漢字学習のアイディア』小学館
荒川元邦他『覚えたら忘れない漢字体験学習法』小学館
師尾貴代子『小学校の「漢字」を5時間で攻略する本』ＰＨＰ研究所

＊──おわりに

もう通いはじめて三年になる道で、信号待ちをしていたときのことです。毎朝見ているはずの木に、目が釘付けになりました。もう、葉がほとんど落ちて、枝だけの木にたくさんの雀がとまっていたのです。その様子はまさしく「集」の字源そのものでした。当たり前の風景にしばらく見入ってしまいました。

こんなささいなことがやけにうれしくて、一日のスタートを気分よくはじめられました。漢字は、また一つの楽しみを与えてくれたのです。

私のような、怠け者でこれといった取り柄のない教師が、この本を書くことができたのはたくさんの方々のおかげです。その中でも三人の先生方には、感謝の念を強く持たずにはおれません。

まず、私が漢字にこだわるきっかけを与えていただいた岸本裕史先生。はじめてお会いしたのは十年以上前の学生時代でした。今でも月一回のサークルではご自宅を提供してくださり、具体的なアドバイスをいただいています。

濱本純逸先生には、マンネリ化していた私の漢字指導に刺激と自信をいただきました。濱本先生のどんな実践をも決して否定しない暖かい眼差しと、次への指針を与えてくださる的確な一言で、漢字指導に取り組み続ける意欲がわきました。

私の取り組みを本にする直接のきっかけを作ってくださったのは、家本芳郎先生です。超多忙な中、私のようなものにチャンスを与えていただいたことに深く感謝せずにはおれません。

三人の先生にはずっとご指導をいただいています。おかげで何とかやりがいを持って教師を続けてこられたような面もあります。

また、面倒な字源のイラストや迷路などを描いてくださった、いちだまりさんのご協力に感謝します。そして最後に高文研の山本邦彦さん。遅れに遅れた原稿でご迷惑を山ほどおかけしてしまいました。愛想をつかさず、励まし続けてくださって本当にありがとうございました。

読後のご感想、ご意見などをいただけましたら幸いです。

（Eメール　tx5a-ok@asahi-net.or.jp）

二〇〇二年二月

岡　篤

岡 篤（おか・あつし）

1964年、大阪に生まれる。

神戸大学教育学部、神戸大学大学院教育学研究科（修士課程）を修了後、神戸市で小学校教諭となる。神戸市立君影小学校、井吹東小学校をへて、2002年３月現在、西山小学校に勤務。

学力の基礎を鍛えどの子も伸ばす研究会会員。

著書『読み書き計算を豊かな学力へ』（明治図書）

共著『小学校学級担当アイディアブック１・２年』（民衆社）

これならできる！漢字指導法

●二〇〇二年 三 月二五日 ―――― 第 一 刷発行

著 者／岡 篤

発行所／株式会社 高文研
東京都千代田区猿楽町二－一－八
三恵ビル（〒一〇一＝〇〇六四）
電話 03＝3295＝3415
振替 00160＝6＝18956
http://www.koubunken.co.jp

本文組版／パンオフィス

印刷・製本／精文堂印刷株式会社

★万一、乱丁・落丁があったときは、送料当方負担でお取りかえいたします。

ISBN4-87498-277-8 C0037